JN131010

生活リズム体力向上作戦

「食べて、動いて、よく寝よう!」運動のススメ

国際幼児健康デザイン研究所

編著 **前橋 明**
（早稲田大学 教授/医学博士）

● 著
藤田 倫子
（新渡戸文化短期大学）
● イラスト
満処 絵里香
（早稲田大学大学院）

大学教育出版

は じ め に

　今日の日本は、生活環境の著しい変化にともなって、運動に費やす時間と場が減少し、しかも、不規則な食事時間と偏りのある食事内容も加わって、生活習慣病や肥満、運動不足病になる子どもたちが増加しました。そして、社会生活が夜型化し、働く母親が増加、勤務時間が延長されることも一因となり、幼児の生活のリズムにくるいが生じてきました。中でも、就寝時刻が遅く、生活リズムの乱れた幼児に対して、その生活環境を十分に考慮した上での対応が求められています。

　ところが、今日、保育者や指導者となる若者たちにおいても、その生活自体が夜型化していることもあり、そのような状態が「あたりまえ」と感じられるようにもなってきているため、幼児の健康に関する理論の研讃が大いに求められると言えるでしょう。

　また、運動実践や実技の面においても、指導者側の問題として、指導者自身の遊び込み体験の少なさから、「あそびのレパートリーを子どもに紹介できない」、「あそび方の工夫やバリエーションづくりのヒントが投げかけられない」という現状があり、保育・教育現場において、幼児の健康にとっての運動の重要性やあそびのレパートリー、運動と栄養・休養との関連性を子どもたちに伝えていくことすらできないのではないかと懸念しています。

　そこで、今日の日本の幼児の抱える様々な健康問題や指導者養成におけるニーズを考慮した上で、幼児の心身の健康づくりや人間形成として実施される幼児期の健康教育や幼児体育のあり方や基本理念、方法や内容の基本を広く普及していきたいと考えました。

　本書の内容を参考にされ、一人でも運動理解のある人が指導者層に増え、子どもたちの健全育成に汗をかいて下さることを切に願っています。

　2021 年 6 月

早稲田大学　教授 / 医学博士

前橋　明

（国際幼児健康デザイン研究所顧問）

生活リズム・体力向上作戦
―「食べて、動いて、よく寝よう！」運動のススメ―

目　次

実　践　編

前　言

　　随着生活环境的显著变化，在今天的日本，孩子的运动时间和运动场所都在减少，此外，加上不定时的饮食时间和偏食问题，使患上生活习惯病，肥胖，运动不足的儿童也增多了。另外，夜型化的社会生活，以及母亲需要上班工作和劳动时间被延长等问题，也使幼儿的生活节奏变得不规律了。其中，对于睡觉时间晚，生活节奏被打乱的幼儿来说，期望能够有充分改善生活环境的对策。

　　但现在，由于年轻的保育者和教育者本身的生活也已经变得夜型化了的关系，所以很难意识到相关问题。因此，对于有关儿童健康的理论进行深入的研究和探讨是大势所趋的。

　　另外，有关指导实践和实际操作的问题，由于指导员在幼儿时期本身的游戏体验不足，就会出现：不能为孩子好好地介绍游戏，不能有效地告诉孩子游戏的规则。因此，在幼儿园和教育现场，孩子们到底能否认识到游戏、运动、营养、休养与儿童健康之间的关系，我是抱有怀疑的。

　　由于有关改善幼儿的健康问题和指导员的育成问题是有需要的，在此，我们希望能广泛普及幼儿时期的健康教育、体育教育的基本理念、方法、内容，从而促进幼儿的身心健康、人格形成和个性发展。

　　我们深切祝愿在参考了本书的内容后，指导员能够加深对于运动的理解，从而为儿童的身心健康发展做出更大的努力和贡献。

2021 年 6 月

早稻田大学　教授／医学博士

前桥 明

（国际幼儿健康设计研究所 顾问）

生活规律 · 体力向上作战
—「吃好、玩好、睡好」运动推荐 —

目 录

理 论 篇

实　践　篇

日本語版

理　論　編

第1章

今、子どもたちに運動が必要なわけ

　子どもたちは、夜、眠っている間に、脳内の温度を下げてからだを休めるホルモン「メラトニン」や、成長や細胞の新生を助ける成長ホルモンが脳内に分泌されますが、今日では、夜型化した大人社会のネガティブな影響を受け、子どもたちの生体のリズムは狂いを生じています。不規則な生活になると、カーッとなったり、イライラして集中力が欠如し、対人関係に問題を生じて、気力が感じられなくなったりしています。生活リズムの崩れは、子どもたちのからだを壊し、それが、学力や体力の低下、心の問題にまで、ネガティブな影響を与えているのです。近年の子どもたちが抱えさせられている３つの問題を以下に示します。

1　睡眠リズムの乱れの問題

（1）就寝の遅い現代っ子

　第一に、今の子どもたちは、夜型の生活に巻き込まれている点が気になります。子どもたちが親に連れられて、ファミリーレストランや居酒屋、カラオケボックス等へ、深夜に出入りしている光景をよく見かけるようになってきました。チャイルドルームを完備し、メニューにもお子さまメニューを印刷している居酒屋も出てきました。

　「大丈夫です。子どもは元気ですから」「夜は、父と子のふれあいの時間ですから」「まだ眠くないと、子どもが言うから」等と言って、夜ふかしをさせて

いる家庭が増えてきました。子どもの生活は、「遅寝、遅起き、ぐったり」になっています。今日、午後10時を過ぎて就寝している幼児の割合が約4割を超えるわが国の現状は、国家的な危機です。

　また、大人の健康づくりのために開放されている、夜間の学校の体育館においても、幼子を連れた状態で夜遅くまで親のスポーツにつき合わせているケースが増えてきました。子どもたちが大人の夜型生活に入り込んで、不健康になっている状況や、親が子どもの健康生活のあり方を知らない、子どもの生活のリズムに合わせてやれないという「知識のなさ」や「意識の低さ」が、今、問題視されています。

（2）　短時間睡眠の危険性

　では、10時間眠ることができない子はどうなのでしょうか。中でも、9時間30分を下回る短時間睡眠の子どもは、注意集中ができず、イライラする、じっとしていられなくて歩き回るという行動特徴に、どんどんチェックが入ります。このような状況では、落ち着いて生活ができないし、園での活動もきちんと経験できません。小学校にあがっても、勉強に専念できなくなります。

　実際、短時間睡眠で幼児期を過ごした子は、就学してから、1時間の授業に集中できません。10～20分たつと、集中力を失ってキョロキョロし、イライラしてきます。いくら優秀な先生がいらっしゃっても、太刀打ちができないのです。

　短時間睡眠が長く続くと、もっと激しい症状、いわゆるキレても仕方がない状況、子どもたちが問題行動を起こしても仕方のない状況が、自然と出てきます。

　睡眠は、脳を休め、疲れをとるだけでなく、記憶を整理し、定着させること、つまり、脳を育むことですから、学力との関係がでてくるのです。それくらい、乳幼児期の睡眠は、脳にとって大切なものなのです。

　寝る時刻が深夜に向かってズレてくると、短時間睡眠になるか、睡眠を確保しようとすれば遅起きとなり、朝のゆとり時間がなくなって、朝食の欠食が増えてくるわけです。

2　摂食リズムの乱れの問題

　睡眠不足、遅寝・遅起きになると、朝食を充実したものにできなかったり、欠食したりするようになります。これが、気になることの2つ目の問題です。朝食を抜くと、イライラする、幼児であれば積み木を放り投げたり、おもちゃを雑に扱ったり、友だちを後ろから不意にたたいたりする行動が目立ってきます。

　今日、朝食を毎日食べている幼児は、8割程度しかいません。私たち大人は、朝・昼・晩と3食を食べて生活を支えているわけですが、幼児はグーンと成長していきますから、子どもが成長するためには3食では足りません。しかも、生まれて間もないので、胃は小さいし、腸の働きは未だ弱いから、一度に多くの食を取り込めないので、おやつでその不足分を補う必要があります。よって、おやつも食事の一部と、大切に考えてほしいのです。つまり、幼子にとっての食事は、1日4食〜5食が必要なのです。それなのに、メインの1食を抜いている幼児が増えてきたのは心配です。

　さらに、もっと問題なことがあります。例えば、6歳児で8割の子が朝食を食べていても、朝に排便があるのはたった3割ほどなのです。人間は食物を食べると、消化の良い物で、7〜9時間ほどでうんちになります。じっくり消化していくと、24時間前後はかかります。夜間に10時間ほど眠るとするならば、夕食で食べたものの中で消化のよい食物の残りかすは、翌朝にはもう大腸に着いています。そして、朝の胃は、空っぽです。その空つぼの胃に、朝の食べ物が入ると、胃は食べ物が入ったことを脳に伝えます。すると、今までに消化吸収された残りかすを出すために、腸が蠕動運動を始め、食物残渣を押し出そうとします。そのときに、腸内に満ちるだけの残りかすのある方が良くて、大腸に刺激が伝わると、じわじわと押し出そうとするわけです。

　満ちるだけの残りかすをためようと思うと、お菓子だけでは、腸内に満ちるだけの残りかすによる重さと体積がつくれません。内容（質）の良い物を食べないと、うんちに結びつかないのです。

　近年では、排便を家で済ませてから、朝をスタートさせることもできなくなって、体調もスカーッとしないままの登園になっている子どもたちが多いわけです。これでは、午前中の活動力が低下しても不思議ではありません。動きが減ると、1日の運動量が少なくなり、体力も高まりません。

3　運動不足の問題

　さて、気になることの3つ目は、子どもたちの生活の中で、運動量が激減してきていることです。例えば、保育園の5歳児ですが、1985（昭和60）～1987（昭和62）年は午前9時から午後4時までの間に、だいたい1万2千歩ぐらいは動いていましたが、1991（平成3）～1993（平成5）年になると、7千～8千歩に減ってきました。そして、1998（平成10）年以降になると、5千歩台に突入し、今日では、昭和時代の半分ほどの運動量に激減しています。それに、登降園も車利用が多くなってきましたので、子どもの生活全体の歩数が減ってきて、体力を育むのに必要な運動量が不足しています。

　子どもたちの活動の様子をみますと、丸太渡りや平均台歩行時に足の指が浮いて自分の姿勢（バランス）を保てず、台から落ちてしまう子どもが観察されます。生活の中でしっかり歩いていれば、考えられないことです。

　走っても、手が振れず、膝をしっかり上げることができないので、つま先を地面にこすって足を引っかけて転んでしまうのです。日ごろから、外あそびよりも、テレビ・ビデオ利用が多くなってくると、活動場所の奥行きや人との距離感を認知する力も未熟となり、空間認知能力が育っていきません。だから、前や斜め方向から来る人とぶつかることが多くなるのです。

　また、①赤ちゃん時代から、ハイハイの期間が短く、全身の筋力や安全能力が育っておらず、②歩けるようになっても、乳母車に乗せられ、筋力やバランス能力が極端に弱く、さらには、③日ごろから、車通園の増加や運動あそびの減少による、運動不足と多様な動きの経験の少なさのために、ぶつかって転びそうになったとき、手をついてからだを守るという保護動作がでず、顔面から転んでしまうのです。

　要は、夜型生活の中で、子どもたちが睡眠リズムを乱していくと、欠食や排便のなさを生じていきます。その結果、日中の活動力が低下し、動けなくなっているのです（体力低下）。

4　自律神経や脳内ホルモシが関与する体温リズム

　ねむけやだるさを訴えて午前中の活動力が低下すると、体力低下とともに、自律神経の働きが弱まって昼夜の体温リズムが乱れてきます。

　そこで、体温が36度台に収まらない、いわゆる体温調節のできない「高体温」や「低体温」の子ども、体温リズムがずれ、朝に体温が低くて動けず、夜に体温が高まって動きだすといった子どもたちが見られるようになってくるのです。

　日常生活では、体温は一般に午前3時頃の夜中に最も低くなり、昼の午後4時頃に最高となる一定のサイクルが築かれます（図1）。このような日内変動は、ヒトが長い年月をかけて獲得した生体リズムの一つです。例えば、午後4

体温が高まる日中は、学びやあそびの適時期。
中でも午後3時〜5時は、成長のためのゴールデンタイム

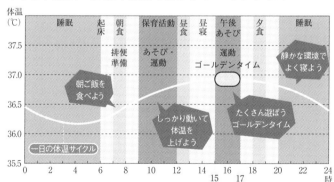

体温にも1日のリズムがあります。体温が高い時間帯は、ウォーミングアップができているときであり、動きやすく、学びの効果を得やすい時間帯です。
そのときに運動することで、ホルモンの分泌がさらに良くなり、自然に正常なからだのリズムができてきます。

図1　1日の体温リズム

時前後の放課後の時間帯は、最も動きやすくなる時間帯で、子どもたちの「あそびや学びのゴールデンタイム」と、私は呼んでいます。自分の興味や関心のあるものを見つけて、例えば、自然や動物とでもいいです、スポーツごっこでもいいです。それらに熱中して、時を忘れて遊び込む時間帯なのです。このときの熱中と挑戦、創造と実践の経験で、子どもたちは、グーンと成長するのです。

　ところで、生活が夜型化している子どもの体温リズムは、普通の体温リズムから数時間後ろへずれ込んでいます。朝は、本来なら眠っているときの体温で、起こされて活動を開始しなければならないため、体温は低いまま、からだが目覚めず、動きは鈍くなっているのです。逆に、夜になっても、体温が高いため、なかなか寝つけないという悪循環になっています。

　このズレた体温リズムをもとにもどすことが、生活リズム向上戦略のポイントとなります。その有効な方法を２つ紹介しますと、①朝、太陽の陽光を、子どもに浴びさせること、②日中に運動をさせることです。

　体温を調節している自律神経がしっかり働くようにするポイントを、表１に示しておきます。

表1　子どもたちの脳や自律神経がしっかり働くようにするポイント

① 基本的な生活習慣を、大人たちが大切にしていくこと。
② 子どもたちを、室内から戸外に出して、いろいろな環境温度に対する適応力や対応力をつけさせること。
③ 安全なあそび場で、必死に動いたり、対応したりする「人と関わる運動あそび」をしっかり経験させること。　（安全ながらも架空の緊急事態の中で、必死感のある運動の経験をさせること。）
④ 運動（筋肉活動）を通して、血液循環が良くなって産熱をしたり（体温を上げる）、汗をかいて放熱したり（体温を下げる）して、体温調節機能を活性化させる刺激を与えること。

（1）　生体リズムに関与する脳内ホルモン

　ヒトが夜に眠り、朝に起きて活動を行うためには、脳内に分泌されるホルモンの働きがしっかりしていなければなりません。夜中には、眠るための松果体

ホルモン（メラトニン）が出され、朝には活動に備え、元気や意欲を引き出す
ホルモン（コルチゾールやβ－エンドルフィン等）が分泌されなければ、眠る
ことや起きて元気に活動することはできないのです。

　これらのホルモンの分泌時間のリズムや量が乱れると、脳の温度の調節も
できず、時差ぼけと同じような症状を訴え、何をするにしても意欲がわかなく
なります。健康な状態では、睡眠を促すメラトニンの分泌が、午前0時頃に
ピークとなり、脳内温度が低下します。ですから、神経細胞の休養が得られ、
子どもたちは、良好な睡眠がとれるのです。

　睡眠と覚醒のリズムが乱れ、生体のリズムが崩れると、これらホルモンの
働きが悪くなり、分泌の時間帯も乱れて、体温調節がさらにできなくなりま
す。結果的に、夜間は脳の温度が下がらず、神経細胞が休養できず、睡眠時間
は長くなっていきます。したがって、朝起きられなかったり、いくら長く寝て
もすっきりしなかったりするのです。当然、朝、起きることができず、午後に
なって、やっとコルチゾールやβ－エンドルフィンが分泌されると、体温が上
がり始めて少し元気が出てくるというわけです。もちろん、能力としては極端
に低下していますので、結果的には、疲れやすさや持久力低下、集中力低下、
ぼんやり、イライラ、無気力、不安、うつ状態を引き起こしていきます。

　また、近年は、幼児期からいろいろな種類の習い事が増え、脳が処理すべき
情報量の増加とそれに反比例した睡眠時間の減少が、子どもたちの持続的な緊
張状態をつくり上げています。学力を高めようと願うと、学んだ内容の記憶を
整理し、定着させてくれる睡眠を疎かにはできないのですが、睡眠時間だけは
ますます短くなり、疲労回復もできず、能力は極端に低下しています。

　そして、将来、進学する過程の中で、勉強に全く集中できず、何も頭に入
らなくなり、日常生活も困難となって、家に閉じこもるようにもなっていくで
しょう。

（2）「早寝、早起き、朝ごはん」運動の登場と課題
　子どもたちの抱える問題の改善には、ズバリ言って、大人たちがもっと真剣
に「乳幼児期からの子ども本来の生活（栄養・運動・休養のバランス）」を大

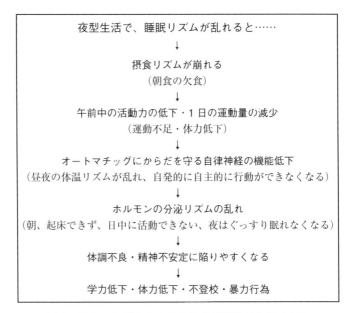

図2　日本の子どもたちの抱える問題発現とその流れ

切にしていくことが必要です。その結果、日本が生み出した国民運動は、「早寝、早起き、朝ごはん」運動なのです。

　しかし、健康づくり運動へのきっかけには有効でしたが、自律神経に積極的に働きかけて、子どもたちのいきいき度を増すまでには、いま一歩の感があります。図2をご覧ください。日本の子どもたちの問題が、どのように進んできたかを示した私の考えです。

　子どもたちが抱えさせられている問題を食い止めるためには、まずは「睡眠」を大切にし、脳を守り、育むことが必要です。だから、「早寝・早起き」なのです。そして、睡眠が崩れると「食」の崩れを生じますから、「朝ごはん」を打ち出す必要があります。

　しかしながら、この国民運動は、そこまでしか、ケアーできていないのです。意欲をもって、自発的に自主的に動ける子ども・考える子どもを期待するならば、3番目の「運動」刺激が子どもたちの生活の中になくてはなりません。運動や運動あそびは、自律神経機能の発達に不可欠なのです。生活習慣を

整えていく上でも、１日の生活の中で、日中に運動エネルギーを発散し、情緒の解放を図る運動実践の機会や場を与えることの重要性を見逃してはならないのです。

　そのためには、「早寝・早起き・朝ごはん」という国民運動に、「運動」を加えなければなりません。つまり、「食べて」「動いて」「よく寝よう」なのです。言い換えれば、「動き」の大切さを導入したキャンペーンを打ち出して、積極的に実行に移していくことが大切です。こうして、将来を担う子どもたちが、健康的な生活を築き、いきいきと活躍してもらいたいと願っています。

（3）　子どもたちの問題を改善する新たなチャレンジの必要性

　いま、子どもたちに必要なことは、新たなチャレンジとして、「運動」の大切さを導入したキャンペーンを打ち出して、「食べて、動いて、よく寝よう！」運動を、園と家庭、地域が連携して、全国的に推進していくことなのです。

　運動とか、運動あそびは、体力づくりはもちろん、基礎代謝の向上や体温調節、あるいは、脳・神経系の働きに重要な役割を担っています。園や学校、地域において、ときが経つのを忘れて、運動やあそびに熱中できる環境を保障していくことで、子どもたちは安心して成長していけます。

　未来ある子どもたちのために、大人や社会が本気になって、運動環境を整えたり、運動の生活化を図ったりして、精一杯の支援に力を注ぎ、子どもたちを幸せにしていこうではありませんか。

（4）　研究からの知見と提案

　子どもと保護者の生活調査や生活リズム研究を通して、わかってきたことを、整理してみます。

　①　年齢が低く、体力の弱い子どもは、午前中のあそびだけで、夜には疲れを誘発し、早く眠くなりますが、加齢に伴って体力がついてくると、午前中のあそびだけでは疲れをもたらさず、遅くまで起きていられます。もう１つ、午後のあそびが必要です。とりわけ、午後３時頃からの積極的な運動あそびで、しっかり運動エネルギーを発散させ、情緒の解放を図っ

ておくことが、夜の入眠を早める秘訣です。

② 夕食の開始が午後7時を過ぎると、就寝が午後10時をまわる確率が高くなります。幼児には、遅くとも、午後7時頃までには、夕食を食べ終えさせるのがお勧めです。

③ 朝から、疲れている子どもは、テレビやビデオの視聴時間が長く、夜、寝るのが遅いです。そして、睡眠時間が短く、日中の運動量が少ないです。そういった子どもの家庭をみますと、その母親のメールの実施時間は長いことがわかっています。共に、夜は物とのかかわりをしており、親子のふれあい時間が少ないのが特徴です。

④ 夜8時になったら、環境を暗くし、夜を感じさせて、眠りへと導きましょう。テレビのついた部屋は、光刺激があるので眠れません。電気を消して部屋を暗くすることが大切です。

⑤ 朝になったら、カーテンをあける習慣を作ります。朝には、陽光を感じさせ、光刺激で目覚めさせましょう。

（5） 大人への警告

近年の子どもたちの抱える問題の改善には、大人たちがもっと真剣に「乳幼児期からの子ども本来の生活」を大切にしていくことが必要です。

① 夜型の生活を送らせていては、子どもたちが朝から眠気やだるさを訴えるのは当然です。

② 睡眠不足だと、注意集中ができず、また、朝食を欠食させているとイライラ感が高まるのは当たり前です。学校にあがってから、授業中はじっとしていられず、歩き回っても仕方がありません。

③ 幼いときから、保護者から離れての生活が多いと、愛情に飢えるのもわかります。親の方も、子どもから離れ過ぎると、愛情が維持できなくなり、子を愛おしく思えなくなっていきます。

④ 便利さや時間の効率性を重視するあまり、徒歩通園から車通園に変え、親子のふれあいや歩くという運動量確保の時間が減っていき、コミュニケーションが少なくなり、体力低下や外界環境に対する適応力が低下し

ていきます。

⑤　テレビやビデオの使いすぎも、対人関係能力や言葉の発達を遅らせ、コミュニケーションのとれない子どもにしていきます。とくに、午後の運動あそびの減少、地域の異年齢によるたまり場あそびの崩壊、ゲームの実施やテレビ視聴の激増が子どもたちの運動不足を招き、生活リズムの調整をできなくしています。

それらの点を改善していかないと、子どもたちの学力向上や体力強化は図れないでしょう。キレる子どもや問題行動をとる子どもが現れても不思議ではありません。ここは、腰を据えて、乳幼児期からの生活習慣を健康的に整えていかねばならないでしょう。

生活習慣を整えていく上でも、1日の生活の中で、一度は運動エネルギーを発散し、情緒の解放を図る機会や場を与えることの重要性を見逃してはなりません。そのためにも、幼児期には、日中の運動あそびが非常に大切となります。運動あそびというものは、体力づくりはもちろん、基礎代謝の向上や体温調節、あるいは脳・神経系の働きに重要な役割を担っています。

園や地域において、時がたつのを忘れて、あそびに熱中できる環境を保障していくことで、子どもたちは安心して成長していけます。

提案①　午前のあそびに加えて、「午後あそび」のススメ

子どもたちの体温が最も高まって、心身のウォーミングアップのできる午後3時頃から、戸外での集団あそびや運動が充実していないと、発揮したい運動エネルギーの発散すらできず、ストレスやイライラ感が鬱積されていきます。

そこで、日中は、室内でのテレビ・ビデオ視聴やテレビゲームに代わって、太陽の下で十分な運動あそびをさせて、夜には心地よい疲れを得るようにさせることが大切です。

低年齢で、体力が弱い場合には、午前中にからだを動かすだけでも、夜、早めに眠れるようになりますが、体力がついてくる4、5歳以降は、朝の運動だけでは足りません。体温の高まるピーク時の運動も、ぜひ大切に考えて、子ど

もの生活の中に取り入れてください。

　幼児のからだを整えるポイントは、①体温がピークになる午後3時〜5時頃に、しっかりからだを動かします。②夕食を早めに食べて、夜8時頃には寝るようにします。遅くとも、午後9時頃までには寝るように促しましょう。③朝7時までには起きて、朝食を摂り、ゆとりをもって排便します。④午前中も、できるだけ外あそびをします。

　つまり、生活リズムの整調のためには、運動あそびの実践が極めて有効であり、その運動あそびを生活の中に積極的に取り入れることで、運動量が増して、子どもたちの睡眠のリズムは整い、その結果、食欲は旺盛になります。健康的な生活のリズムの習慣化によって、子どもたちの心身のコンディションは良好に維持されて、心も落ち着き、カーッとキレることなく、情緒も安定していくのです。

　ところが、残念なことに、今はそういう機会が極端に減ってきています。この部分を何とかすることが、私たち大人に与えられた緊急課題でしょう。生活は、1日のサイクルでつながっていますので、生活習慣（生活時間）の1つが悪くなると、他の生活時間もどんどん崩れていきます。逆に、生活の節目の1つ（とくに運動場面）がよい方向に改善できると、次第にほかのこともよくなっていくというロマンがあります。

　そのために、身体活動や運動を取り扱う指導者や幼稚園・保育園の先生方、保護者の皆さんに、期待される事柄は非常に大きいものがあると思います。

提案②　親子ふれあい体操のススメ

　乳幼児期から親子のふれあいがしっかりもてて、かつ、からだにもよいことを実践していくために、1つの提案があります。それは、「親子体操」の実践です。まず、親子でからだを動かして遊んだり、体操をする運動の機会を、日常的に設けるのです。子どもといっしょに汗をかいてください。子どもに、お父さんやお母さんを独り占めにできる時間をもたせてください。親の方も、子どもの動きを見て、成長を感じ、喜びを感じてくれることでしょう。他の家族がおもしろい運動をしていたら、参考にしてください。子どもががんばってい

ることをしっかり褒めて、自信をもたせてください。子どもにも、動きを考えさせて創造性を培ってください。動くことで、お腹がすき、食事が進みます。夜には、心地よい疲れをもたらしてくれ、ぐっすり眠れます。親子体操の実践は、食事や睡眠の問題改善にしっかりつながっていきます。

　親子体操は、これまでに、いろいろなところで取り組まれている内容です。でも、それらを本気で実践するために、地域や社会が、町や県や国が、本気で動いて、大きな健康づくりのムーブメントを作るのです。こんな体験をもたせてもらった子どもは、きっと勉強や運動にも楽しく取り組んで、さらに家族や社会の人々とのコミュニケーションがしっかりとれる若者に成長していくはずです。

　急がば回れ、乳幼児期からの生活やふれあい体験、とくに運動体験とそのときに味わう感動を大切にしていきませんか。

研究からわかった運動の必要性（まとめ）

　子どもたちの脳や自律神経力がしっかり働くようにするためには、まずは、子どもにとっての基本的な生活習慣を、大人たちが大切にしていくことが基本です。

　その自律神経の働きを、より高めていくためには、

① 子どもたちを、室内から戸外に出して、いろいろな環境温度に対する適応力や対応力をつけさせること。

② 安全なあそび場で、必死に動いたり、対応したりする「人と関わる運動あそび」をしっかり経験させること。つまり、安全ながらも架空の緊急事態の中で、必死感のある運動の経験をさせること。具体的な運動例をあげるならば、鬼ごっこや転がしドッジボール等の楽しく必死に行う集団あそびが有効です。

③ 運動（筋肉活動）を通して、血液循環が良くなって産熱をしたり（体温を上げる）、汗をかいて放熱したり（体温を下げる）して、体温調節機能を活性化させる刺激が有効です。これが、体力を自然と高めていくことにつながっていきます。

　また、日中に運動をしなかったら、体力や生活リズムはどうなるのでしょう。生活は、１日のサイクルでつながっていますので、生活習慣（生活時間）の一つが悪くなると、他の生活時間もどんどん崩れていきます。逆に、生活習慣（時間）の一つが改善できると、次第にほかのことも良くなっていきます。

　つまり、日中、太陽の出ている時間帯に、しっかりからだを動かして遊んだり、運動したりすると、お腹がすき、夕飯が早くほしいし、心地よく疲れて早めの就寝へと向かいます。早く寝ると、翌朝、早く起きることが可能となり、続いて、朝食の開始や登園時刻も早くなります。朝ごはんをしっかり食べる時間があるため、エネルギーも得て、さらに体温を高めたウォーミングアップした状態で、日中の活動や運動が開始できるようになり、体力も自然と高まる良い循環となります。

　生活を整え、体力を高めようと思うと、朝の光刺激と、何よりも日中の運動あそびでの切り込みは有効です。あきらめないで、問題改善の目標を一つに絞り、一つずつ改善に向けて取り組んでいきましょう。必ずよくなっていきます。

　「一点突破、全面改善」を合言葉に、がんばっていきましょう。

第2章
子どもの発育プロセスを知ろう

1　乳児期の発育・発達と運動

　出生時の体重は約3kgで、男の子の方がやや重い特徴があります。出生時の体重が2.5kg未満の乳児を低出生体重児、1kg未満を超低出生体重児といいます。

　体重は、3〜4か月で約2倍、生後1年で約3倍、3歳で4倍、4歳で5倍、5歳で6倍と変化します。身長は、約50cm、生後3か月の伸びが最も顕著で、約10cm伸びます。生後1年間で24〜25cm、1〜2歳の間で約10cm、その後、6〜7cmずつ伸び、4〜5歳で出生時の約2倍に、11歳〜12歳で約3倍になります。

　運動の発達は、直立歩行ができるようになり、様々な形態で移動し、次第に、腕や手が把握器官として発達します。まず、生まれてから2か月ほどで、回転運動（寝返り）をし、這いずりを経験します。6か月頃には、一人でお座りができ、8か月頃には、這い這いができ、胴体は床から離れます。そして、伝い立ち、伝い歩き、直立歩行が可能となりますが、人的環境の積極的な働きかけがあってこそ、正常な発達が保障されるということを忘れてはなりません。

　その後、小学校に入学する頃には、人間が一生のうちで行う日常的な運動のほとんどを身につけています。この時期は、強い運動欲求はありますが、飽きっぽいのが特徴です。

2　4つの型で考える発育プロセス

　発育・発達のプロセスにおいて、身体各部の発育も、内臓諸器官における機
能の発達も、決してバランスよく同じ比率で増大したり、進行したりするもの
ではありません。

　Scammon は、人間が発育・発達していくプロセスで、臓器別の組織特性が
存在することに注目し、筋肉・骨格系（一般型）や脳・神経系（神経型）、生
殖腺系（生殖型）、リンパ腺系（リンパ型）の発育の型を図にまとめ、人間の
からだのメカニズムを理解する貴重な資料を私たちに提供してくれました（図
3）。

　①一般型は、筋肉や骨格、呼吸器官、循環器官など、②神経型は、脳や神
経・感覚器官など、③生殖型は、生殖器官、④リンパ型は、ホルモンや内分秘
腺などに関する器官の発育をそれぞれ示しています。脳・神経系は、生後、急
速に発達し、10歳前後には、ほほ成人の90％近くに達するのに対し、リンパ
型は12歳前後の200％近くから少しずつ減少し、20歳近くで成人域に戻ると
いうのが、その概要です。

（1）　神経型と一般型

　幼児期では、神経型だけが、すでに成人の80％近く達しているのに、一般
型の発育は極めて未熟で、青年期になるまで完成を待たねばなりません。この
ような状態なので、幼児は運動あそびの中で調整力に関することには長足の進
歩を示しますが、筋力を強くすることや持久力を伸ばすことは弱いようです。

　したがって、4歳・5歳児が「部屋の中での追いかけごっこ」や「自転車乗
りの練習」をするときには、母親顔負けの進歩を示しますが、「タイヤはこび」
や「マットはこび」では、まるで歯がたたないのです。

　つまり、幼児期における指導では、まず、下地のできている感覚・神経系の
機能を中心とした協応性や敏捷性、平衡性、巧緻性などの調整力を育てるよう
な運動をしっかりさせてやりたいと願います。

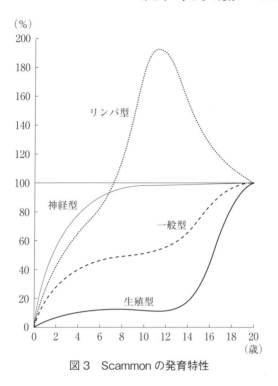

図3　Scammon の発育特性

　ところが、ここで誤解していただいては困ることが一つあります。それは、筋肉や骨格などは、まだ成人の30%程度の発育量を示すに過ぎないからといって、筋力を用いる運動や筋力の訓練をまったくの無意味と考えてもらっては困るということです。

　幼児の日常生活に必要とされる、手や足腰の筋力を鍛えることは、幼児にとっても大切なことであることを確認していただきたいと思います。

　実際には、子どもの運動機能の向上を考える場合、第一に器用な身のこなしのできることを主眼とし、筋力や持久力は運動あそびの中で副次的に伸ばされるものというようにとらえておいて下さい。

　また、運動機能は、感覚・神経機能や筋機能、内臓機能など、諸機能の統合によって、その力が発揮されるものであることも忘れないで下さい。

（2） 生殖型

　生殖腺系の発育は、幼児期や小学校低学年の児童期の段階では、成人の約10%程度であり、男女差による影響は少ないと考えられます。

（3） リンパ型

　リンパ腺系の発育は、幼児期に急速に増大し、7歳頃には、すでに成人の水準に達しています。そして、12歳前後で、成人の2倍近くに達します。

　つまり、抵抗力の弱い幼児は、外界からの細菌の侵襲などに備え、からだを守るために、リンパ型の急速な発達の必要性があると考えます。

　さらに、成人に近づき、抵抗力が強化されると、それとともに、リンパ型は衰退していくのです。

3　身体各部の均衡の変化

　身体各部分の均衡の変化について、Stratz の研究をもとに考察してみますと、図4で示すように、子どもというものは、大人を小さくしたものではなく、年齢によって、身体各部の釣合は変化することがわかります。

　例えば、頭身を基準にすると、新生児の身長は頭身の4倍、すなわち、4頭

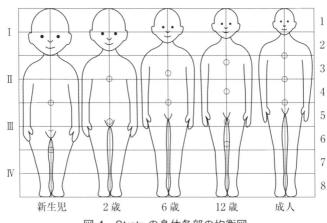

図4　Stratz の身体各部の均衡図

身です。2歳で5頭身、6歳で6頭身、12歳で7頭身、成人でほぼ8頭身になります。

　つまり、幼児は、年齢が小さい程、頭部の割合が大きく、四肢が小さいのです。その重い頭が身体の最上部にあるということは、身体全体の重心の位置がそれだけ高いところにくるわけで、不安定になり、転びやすくなります。

　しかも、幼児期は、からだの平衡機能の発達自体も十分に進んでいないため、前かがみの姿勢になったとき、層バランスがとりにくく、頭から転落し、顔面をケガする危険性が増大するわけ

4　発達の順序性と幼児期の運動

　運動機能の発達は、3つの特徴があります。
① 頭部から下肢の方へと、機能の発達が移っていく。
② 身体の中枢部から末梢部へと運動が進む。
③ 大きな筋肉を使った粗大な運動しかできない時期から、次第に分化して、小さな筋肉を巧みに使える微細運動や協調運動が可能となり、意識（随意）運動ができるようになる。

　発育・発達には、ある一定の連続性があり、急速に進行する時期と緩やかな時期、また、停滞する時期があります。

　幼児の運動機能の向上を考える場合、第1に器用な身のこなしのできることを主眼とし、はじめは、細かい運動はできず、全身運動が多く、そして、4〜5歳くらいになると、手先や指先の運動が単独に行われるようになります。

　5〜6歳になると、独創的発達が進み、さらに、情緒性も発達するため、あそびから一歩進んで体育的な運動を加味することが大切になってきます。競争や遊戯などをしっかり経験させて、運動機能を発達させましょう。

　跳躍距離は、5歳児では両足とびで、自身の身長分跳べ、6歳児になると、3歳児の2倍近くの距離を跳べるようになります。これは、脚の筋力の発達と協応動作の発達によるものです。

　投げる運動では、大きな腕の力や手首の力があっても、手からボールを離すタイミングを誤ると、距離は伸びません。

　懸垂運動は、筋の持久性はもとより、運動を続けようという意志力にも影響を受けます。

　幼児期では、運動能力、とくに大脳皮質の運動領域の発達による調整力の伸びがはやく、性別を問わず、4歳頃になると急にその能力が身についてきます。これは、脳の錐体細胞が4歳頃になると、急に回路化し、それに筋肉や骨格も発達していくためでしよう。

　発育・発達は、それぞれの子どもによって速度が異なり、かなりの個人差のあることをよく理解しておかねばなりません。

　児童期になると、からだをコントロールする力である調整力が飛躍的に向上します。乳幼児期からの著しい神経系の発達に筋力の発達が加わり、構造が複雑な動作や運動が可能となります。スポーツ実践においても、乳幼児期に行っていたあそびから進化して、ルールが複雑なあそびや、より組織的な運動やスポーツ、教育的なプログラムを加味した体育あそびに変化していきます。

5　運動発現のメカニズム

　幼児期は、大脳の脳細胞同志の連絡回路がしっかりできていないため、知覚・判断・思考・運動など、高等な動きや情緒をもつことができず、適応行動ができない状態にあります。

　大脳皮質には、運動の型をつくる能力があり、一定の運動を繰り返すことによって神経繊維が結びつき、脳細胞間で連絡回路ができ、この回路が、運動の型を命令する中枢となります。目的に合う合理的な運動をするためには、感覚系の動きと、運動を命令する中枢神経系の働きとが重要です。

　例えば、自転車に乗ったことのない人は、いくら手足の神経や筋肉が発達していても、自転車にはじめから上手に乗れません。子どもでも、大脳皮質に自転車乗りに適した回路ができると、その命令で運動神経系や筋系がうまく協調しながら働きます。はじめは、バラバラである運動感覚の統合がなされていく

わけです。

　運動には、意識的運動（随意運動）と、意識とは無関係な反射運動とがあります。運動の発現過程は、情報を伝える働きをする5つの感覚器官（視覚、聴覚、臭覚、味覚、触覚）が外界から刺激を察知し、脳に情報を伝え、認識、分析、調整、判断し、どの筋肉をどのように動かすかの指令を出し、行動を始めます。

　外からの刺激は、受容器（目や耳、手などの感覚器官）によって感じられ、情報として知覚神経系を通り、大脳に達します。大脳では、それらの情報を比較、判断し、決定がなされた後、命令となって脊髄を通り、運動神経系を通って運動を起こす実行器（筋肉）に達します。結果、筋肉が自動調整されながら収縮し、運動を起こすことになります。その結果は、たえず中枢に送られ、フィードバックされていきます。

　脳が指令を出しただけでは、様々な運動パターンに対応できません。情報を的確に認知し、その指令に従って上手に筋肉をコントロールできる人は、運動神経が優れている人です。的確な指令をすばやく伝達できるか、的外れな指令によって、同じ目的に向かって筋肉を動かしても、大脳からの指令の違いによって、結果には大きな差が生じます。

　はじめての動作は、ぎこちない意識的動作ですが、繰り返すことによってなめらかになり、特別の意識を伴わないででき、しだいに反射的な要素が多くな

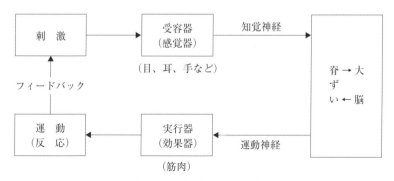

図5　運動発現のメカニズム

ります。機械的で効率的な動きになっていくのです。以上が、運動技術の上達
のプロセスです。

　子どもが「ひとり歩き」ができないのに、突然「走る」ことができるといっ
た順序を変えて進むことはありません。運動機能の発達は、子どもの動作で判
断できるため、第三者が観察しやすく、成長発達の段階も捉えやすいのです。

第3章
子どもにとっての運動の役割と効果

　今日、都市化が進むにつれ、子どもたちの活動できる空間が縮小されるとともに、からだ全体を十分に動かす機会も非常に少なくなってきました。咄嗟に手をつくという防御動作がなかなかとれず、顔面に直接ケガをする子どもたちが増えてきました。日頃、十分に運動している子どもたちであれば、うまく手をついて、ケガをしないように転ぶことができます。

　ところが、運動不足で反射神経が鈍っていると、手のつき方も不自然になり、まるで発作でも起きたかのようにバターッと倒れ、骨を折りかねません。また、ボールがゆっくり飛んできても、手でよけたり、からだごと逃げたりできないので、ボールが顔にまともにあたってしまいます。このように、日頃運動をしていない子どもたちは、自分にふりかかってくる危険がわからず、危険を防ぐにはどうすればよいかをからだ自体が経験していないのです。

　幼児というものは、運動あそびや各種運動の実践を通してからだをつくり、社会性や知能を発達させていきます。からだのもつ抵抗力が弱く、病気にかかりやすい幼児に対しては、健康についての十分な配慮が欠かせないことは言うまでもありませんが、そうかといって、「カゼをひいては困るから外出させない」「紫外線にあたるから、外で遊ばせない」というように、まわりが大事を取り過ぎて、幼児を運動から遠ざけてしまうと、結果的に幼児を運動不足にし、健康上、マイナスを来たしてしまいます。

　この時期に、運動を敬遠すれば、全身の筋肉の発達も遅れ、平衡感覚も育成されにくくなります。とくに、背筋力の低下が目立つといわれている現代で

は、運動経験の有無が幼児の健康に大きな影響を与えることになります。それにもかかわらず、現実は、ますますからだを動かさない方向に進んでいるといえます。

　幼児にとっての身体活動や運動は、単に体力をつくるだけではありません。人間として生きていく能力や、人間らしい生き方の基盤をつくっていきます。しかし、基礎体力がないと、根気や集中力を養うことができません。少々の壁にぶつかってもへこたれず、自分の力で乗り越えることのできるたくましい子どもに成長させるためには、戸外で大勢の友だちといっしょに、伸び伸びと運動をさせることが大切です。活発な動きを伴う運動あそびや運動を長時間行う幼児は、自然に持久力育成の訓練をし、その中で呼吸循環機能を改善し、高めています。さらに、力いっぱい動きまわる幼児は、筋力を強くし、走力もすぐれてきます。また、からだを自分の思うように動かす調整力を養い、総合的に調和のとれた体力も身につけていきます。

　体力・健康の増進というと、肉体的な面にすぐ目が向けられがちですが、精神的発達や知的発達と密接に結びついていることを忘れてはなりません。

　外の世界に対して、積極的、かつ、能動的に働きかけるようになり、生きる意欲も高まり、ひいては健康も増していきます。逆に何もしないと、体力は弱まり、気力も衰えます。病気がちでは、内向的にもなりやすいです。健康であれば、自信もつくし、冒険心もついてきます。このように、性格形成にも大きく影響を与えますので、早期における健康・体力づくりは、大変重要だといえるでしょう。

　幼児が行う運動は、それが非常に簡単なものであっても、発達した脳の活動なしに、決して行えるものではありません。人間が生きている限り、身体活動は必須であり、それによって、発育・発達をし、生命を維持することができるからです。つまり、幼児期は、少しずつではありますが、身体活動の促進により、自己の生活空間を拡大し、社会性や情緒面の諸能力を可能なかぎり助長しているわけです。

　このような身体活動の積極的な促進は、人間としての統合的な発達の上で重要な役割を果たしてくれます。もし、発育期の最大の刺激となる身体活動が

なされていないならば、幼児の潜在的能力が十分に発揮されないことになります。

　いずれにしても、発達刺激としての運動を実践することは、身体的発達を助長し、さらに、情緒的な発達、社会的態度の育成、健康・安全を配慮する能力などを養い、人間形成に役立っていきます。

　そこで、幼児の健全な心身の発達において、運動あそびや運動実践がどのような役割を果たしているかをみていきましょう。

1　身体的発育の促進

　運動とからだの発育・発達とは、切り離しては考えられません。適度な身体活動や運動実践は、身体的発育を促進します。すなわち、全身運動は、生体内の代謝を高め、血液循環を促進し、その結果として、骨や筋肉の発育を助長していきます。

　筋肉は、運動によって徐々にその太さを増し、それに比例して力も強くなります。逆に、筋肉を使わないと、廃用性萎縮といって、筋肉が細くなり、力も弱くなります。つまり、筋肉は運動することによって強化されるのです。砂あそびやボール投げ、ぶらんこ・すべり台・ジャングルジム等を利用してのあそびは、特別な動機づけの必要もなく、ごく自然のうちに筋力をはじめ、呼吸循環機能を高め、身体各部の成長を促進していきます。

　要は、運動することによって、体力や健康が養われ、それらが増進されると、幼児は、より活動的な運動あそびを好むようになり、同時にからだの発育が促されていくのです。

2　運動機能の発達と促進

　身体活動をすることによって、それに関連する諸機能が刺激され、発達していきます。しかし、各々の時期に、とくに発達する機能とそうでない機能とがあります。例えば、幼児の神経機能は出生後きわめて著しい発育を示し、生後

6年間に成人の約90%に達します。

　運動機能は、脳神経系の支配下にありますから、神経機能が急速に発達する幼児期においては、いろいろな運動を経験させ、運動神経を支配する中枢回路を敷設しておくことが大切です。また、幼児期に形成された神経支配の中枢回路は、容易に消えないので、その時期においては、調整力を中心とした運動機能の開発をねらうことが望ましいといえます。

　運動によって運動機能が発達してくると、自発的にその機能を使用しようとする傾向が出てきます。そのことによって、運動機能はさらに高められ、児童期の終わり頃にはかなりの段階にまで発達していきます。

　こうして、多様な運動経験を通して、幼児のからだに発育刺激を与えることができるとともに、協応性や平衡性、柔軟性、敏捷性、リズム、スピード、筋力、持久力、瞬発力などの調和のとれた体力を養い、空間での方位性や左右性をも確立していくことができます。

　つまり、からだのバランスと安定性の向上を図り、からだの各運動相互の協調を増し、全体的・部分的な種々の協応動作の統制を図ることができるのです。そして、からだの均整が保たれ、筋肉の協同運動が合理的に行われるようになると、運動の正確さやスピードも高められ、無益なエネルギーの消費を行わないようになります。このように、基礎的運動能力を身につけ、エネルギー節約の方法を習得できるようになります。

3　健康の増進

　全身運動を行うことにより、血液循環が良くなり、心臓や肺臓、消化器などの内臓の働きが促進されます。また、運動をくり返すことによって、外界に対する適応力が身につき、皮膚も鍛えられ、寒さに強く、カゼをひきにくい体質づくりにもつながります。

　つまり、寒さや暑さに対する抵抗力を高め、からだの適応能力を向上させ、健康づくりに大いに役立ちます。

4　情緒の発達

　運動あそびや運動を実践することによって、情緒の発達が促されます。また、情緒の発達にともなって、幼児の運動あそびや運動の内容は変化します。すなわち、運動と情緒的発達との間にも、密接な相互関係が成り立っているのです。

　情緒は、単なる生理的な興奮から、快・不快に分化し、それらは、さらに愛情や喜び・怒り・恐れ・しっと等に細かくわかれていきます。そして、5歳頃までには、ほとんどすべての情緒が表現されるようになります。

　このような情緒の発達は、人間関係の交渉を通して形成されます。この初期における人間関係の媒介をなすものがあそびであり、中でも、運動あそびを媒介として、幼児と親、きょうだい同志、友だち等との人間関係がより強く形成されていきます。

　そして、運動あそびや各種の運動実践は、幼児が日常生活の中で経験する不安、怒り、恐れ、欲求、不満などを解放する、安全で有効な手段となっていきます。

　なお、心身に何らかの障害をもつ幼児の場合、心配で放っておけないということから、運動規制が強すぎたり、集団での運動経験が不足している状態で育っているというケースが比較的多くみられます。自閉児と呼ばれている幼児の中には、十分な体力をもちながら、運動エネルギーを不燃のまま自分の殻の中に閉じ込め、それが情緒的にネガティブな影響を及ばしているケースも、少なくありません。

　そこで、こういった経験の不足を取りもどし、幼児の中で眠り続けてきた運動エネルギーに火をつけ、十分発散させてあげることが、情緒的にも精神的にも極めて重要です。多動で落ちつきのない幼児についても、同じことがいえます。大きなつぶつぶの汗が出るほど運動した後は、比較的落ちついてくるものです。多動だからといって、無理に動きを規制すると、かえって、子どもたちを多動にさせていきます。いずれにしても、運動は健全な情緒の発達にとっ

て、重要な意味をもっています。

5　知的発達の促進

　子どもは、幼い頃からあそびや運動を中心とした身体活動を通して、自己と外界との区別を知り、自分と接する人々の態度を識別し、物の性質やその扱い方を学習していきます。また、対象物を正しく知覚・認識する働きや異同を弁別する力などの知的学習能力が養われる運動あそびにおいて、幼児は空想や想像の力を借りて、あらゆる物をその道具として利用します。例えば、大きな石はとび箱になり、ジャンプ台になり、ときには、馬にもなっていくのです。

　このような運動あそびは、想像する能力を高め、創造性を養い、知的能力の発達に寄与しています。運動遊具や自然物をどのように用いるかを工夫するとき、そこに思考力が養われていきます。様々な運動遊具を用いる運動によって、幼児はその遊具の使い方やあそび方、物の意義、形、大きさ、色、そして、構造などを認識し、学習していくのです。知的発達においては、自分の意志によって環境や物を自由探索し、チェックし、試みていくことが重要ですが、ときには指導者が指示を与え、物の性質やその働きを教えていくことも大いに必要です。

　そして、運動あそびの中で、成功や失敗の経験を積み重ねていくことが、知的発達の上で大切になってきます。また、友だちといっしょに運動できるようになると、自然のうちに認知力や思考力が育成され、集団思考ができるようになります。そして、模倣学習の対象も拡大し、運動経験の範囲も広くなってきます。幼児は、こうして自己と他人について学習し、その人間関係についての理解を獲得していきます。さらに、自己の能力についての知識を得るようになると、幼児は他人の能力との比較を行うようになっていきます。

　生理学的にみると、脳の機能は、細胞間の結合が精密化し、神経繊維の髄鞘化が進むにつれて向上していきます。神経も、適度に使うことによって、発達が促進されるという「使用・不使用の原理」が働いていることを覚えておきたいものです。

6　社会性の育成

　幼児が仲間といっしょに運動する場合、順番を守ったり、みんなと仲良くしたりすることが要求されます。また、お互いに守らねばならないルールがあって、幼児なりにその行動規範に従わねばなりません。運動実践の場では、集団の中での規律を理解するための基本的要素、協力の態度など、社会性の内容が豊富に含まれているため、それらを十分に経験させることによって、社会生活を営むための必要な態度が身についてきます。

　つまり、各種の運動実践の中で、指示にしたがって、いろいろな運動に取り組めるようになるだけでなく、仲間といっしょに運動することによって、対人的認知能力や社会的行動力が養われていきます。こうして、仲間とともに運動することで、ルールの必要性を知り、自己の欲求を調整しながら運動が楽しめるようになります。

7　治療的効果

　様々なタイプの運動障害が起こってくるのは、脳から調和のとれた命令が流れない・受け取れないためです。運動障害の治療の目標を、運動パターンや動作、または、運動機能と呼ばれているものの回復におき、その状態に応じた身体活動をさせることによって、筋肉の作用、平衡、姿勢、協調、運動感覚（自分のからだの各部が、どんな運動をしているかを認知できる感覚）、視覚、知覚などの日常における運動を組み立てている諸因子の調和を図ることができるようになります。

　機能の悪さは、幼児がひとりで生活できる能力やあそびを楽しむ能力を奪ったり、抑制したりします。そこで、正常で、効率的な活動パターンを運動あそびや運動の実践の中で学んでいくことによって、幼児は能力に見合う要求を満たすことができるようになります。

　また、言葉を発しない障がい児は、思考や感情を十分に表現できないので、

種々の運動を用いて感情や欲求の解放を図ることができます。

8 安全能力の向上

運動技能を身につけることは、生命を守る技術を習得していることであり、自己の安全能力の向上に役立ちます。また、ルールや指示に従う能力が育成されてくることによって、事故防止にもつながります。

9 日常生活への貢献と生活習慣づくり

「睡眠をよくとり、生活のリズムづくりに役立つ」「運動後の空腹感を満たす際に、偏食を治す指導と結びつけることによって、食事の指導にも役立つ」「汗ふきや手洗いの指導を導入することによって、からだを清潔にする習慣や態度づくりに役立つ」等、基本的生活習慣を身につけさせることにもつながります。

いろいろな運動経験を通して、幼児に身体活動の楽しさを十分に味わわせることは、日常生活はもちろん、生涯を通じて自ら積極的に運動を実践できるようにします。そして、「からだを動かし、運動することは楽しい」ということを体得させていくことができます。

つまり、力いっぱい運動することによって活動欲求を満たし、運動そのものの楽しさを幼児一人ひとりのものとするとき、その楽しさが幼児の積極的な自発性を引き出し、日常生活を通じて運動を継続的に実践する態度へと発展させることができます。

このように、発達刺激としての運動実践は、身体的発達を助長するばかりでなく、そこから結果として、情緒的な発達、社会的態度の育成、健康・安全に配慮する能力などを養い、人間形成に役立っていく、必要不可欠で、かつ、極めて重要なものといえます。

第4章

子どものどんな力を伸ばせばよいか？

1 体 力

　体力とは何かについては、多くの考え方があり、様々な定義がなされています が、ここでは、体力とは、人間が存在し、活動していくために必要な身体的 能力であると考えてみましょう。

　つまり、英語の physical fitness ということばに相当します。このような意 味での体力は、大きく2つの側面にわけられます。一つは、健康をおびやかす 外界の刺激に打ち勝って健康を維持していくための能力で、病気に対する抵抗 力、暑さや寒さに対する適応力、病原菌に対する免疫などがその内容であり、 防衛体力と呼ばれます。

　もう一つは、作業やスポーツ等の運動をするときに必要とされる能力で、積 極的に身体を働かせる能力であり、行動体力と呼ばれます。

　つまり、体力とは、種々のストレスに対する抵抗力としての防衛体力と、積 極的に活動するための行動体力を総合した能力であるといえます。行動体力 は、体格や体型などの身体の形態と機能に二分されますが、以下に、その機能 面について簡単に説明してみます。

（1）　行動を起こす力

①　筋力（strength）

筋が収縮することによって生じる力のことをいいます。つまり、筋が最大努

力によって、どれくらい大きな力を発揮し得るかということで、kg であらわします。

② 瞬発力（power）

パワーということばで用いられ、瞬間的に大きな力を出して運動を起こす能力です。

（2） 持続する力

持久力（endurance）といい、用いられる筋群に負荷のかかった状態で、いかに長時間作業を続けることができるかという筋持久力（muscular endurance）と、全身的な運動を長時間継続して行う心肺（呼吸・循環）機能の持久力（cardiovascular／respiratory endurance）に、大きくわけられます。

（3） 正確に行う力（調整力）

いろいろ異なった動きを総合して目的とする動きを、正確に、かつ円滑に、効率よく遂行する能力のことで、協応性とも、しばしば呼ばれることがあります。また、平衡性や敏捷性、巧緻性などの体力要素と相関性が高いです。

① 協応性（coordination）

からだの2つ以上の部位の運動を、1つのまとまった運動に融合したり、身体の内・外からの刺激に対応して運動したりする能力を指し、複雑な運動を学習する場合に重要な役割を果たします。

② 平衡性（balance）

バランスという言葉で用いられ、身体の姿勢を保つ能力をいいます。歩いたり、跳んだり、渡ったりする運動の中で、姿勢の安定性を意味する動的平衡性と、静止した状態での安定性を意味する静的平衡性とに区別されます。

③ 敏捷性（agility）

からだをすばやく動かして、方向を転換したり、刺激に対して反応したりする能力をいいます。

④　巧緻性（skillfulness）

　からだを目的に合わせて正確に、すばやく、なめらかに動かす能力であり、いわゆる器用さ、巧みさのことをいいます。

（4）　円滑に行う力

①　柔軟性（flexibility）

　からだの柔らかさのことで、からだをいろいろな方向に曲げたり、伸ばしたりする能力です。この能力が優れていると、運動をスムーズに大きく、美しく行うことができます。

②　リズム（rhythm）

　音、拍子、動き、または、無理のない美しい連続的運動を含む調子のことで、運動の協応や効率に関係します。

③　スピード（speed）

　物体の進行するはやさをいいます。

2　運動能力

　乳児の身体運動は、四肢の動きに始まり、少したって、頸の動き、頸の筋肉の力が発達して頭部を支え、7～8か月頃になると、座ることができ、平衡感覚が備わってきます。続いて、手・脚の協調性が生まれるとともに、手や脚、腰の筋力の発達によって、からだを支えることができるようになり、這いだします。

　這う機能が発達してくると、平衡感覚もいっそう発達して、直立、歩行を開始します。これらの発達は、個人差があるものの、生後1年2～3か月のうちに、この経過をたどります。

　幼児期になると、走力や跳力、投力、懸垂力などの基礎的運動能力が備わってきます。幼児の運動能力を発達させるには、興味あるあそびを自発的にくり返し経験させることが大切です。というのも、3～4歳頃になれば、運動能力はあそびを通して発達していくからです。

　ところで、ここでいう「運動能力」とは、全身の機能、とくに神経・感覚機能と筋機能の総合構成した能力と考えます。また、基礎的運動能力として、走力や跳力の伸びがはやく、とくに３歳〜５歳では、その動きが大きいといえます。

　なかでも、走る運動は、全身運動であるため、筋力や心肺機能（循環機能）の発達と関係が深く、跳躍運動は、瞬発的に大きな脚の筋力によって行われる運動ですから、その跳躍距離の長短は腕の振りと脚の伸展の協応力とも関係が深いといえます。跳躍距離に関しては、６歳児になると、脚の筋力の発達と協応動作の発達により、３歳児の２倍近くの距離を跳べるようになります。

　投げる運動では、大きな腕の力や手首の力があっても、手からボールを離すタイミングを誤ると、距離は伸びません。とくに、オーバースローによる距離投げの場合は、脚から手首まで、力を順に伝達し、その力をボールにかけるようにする必要があります。オーバースローによるボール投げは、４歳半以後からは、男児の方の発達が女児に比べて大きくなります。

　懸垂運動は、筋の持久性はもとより、運動を続けようという意志力にも影響を受けます。

　さて、体力と運動能力は、混同して理解されている場合が多いですが、体力とは、筋力、持久力、柔軟性など、それらを発揮する際のスキルをできるだけ排除した形でとらえた生体の機能を意味し、運動能力は、走、跳、投といった、体力に運動やスポーツに必要な基本的なスキルを加味した能力を意味するものと考えてください。

3　運動スキルと運動時に育つ能力

（1）　運動スキル

　幼児期にみられる基本の運動スキルを、４つ紹介します。

①　移動系運動スキル

　歩く、走る、這う、跳ぶ、スキップする、泳ぐ等、ある場所から他の場所へ動く技術です。

②　平衡系運動スキル

バランスをとる、渡る等、姿勢の安定を保つスキルです。

③　操作系運動スキル

投げる、蹴る、打つ、取る等、物に働きかけたり、操ったりする動きの技術です。

④　非移動系運動スキル（その場での運動スキル）

ぶらさがったり、その場で押したり、引いたりする技術です。

（2）　運動時に育つ能力

①　身体認識力

身体部分（手、足、膝、指、頭、背中など）とその動き（筋肉運動的な動き）を理解・認識する力です。自分のからだが、どのように動き、どのような姿勢になっているかを見極める力です。

②　空間認知能力

自分のからだと自己を取り巻く空間について知り、からだと方向・位置関係（上下・左右・高低など）を理解する能力です。

運動能力は、体力と運動スキルの総合能力です。

運動スキルを上げれば、あわせて運動能力も高まっていきます。

園でのあそびの中に運動スキルが身につく機会を設け、子どもたちの体力だけではなく、運動能力も育てていきましょう。

第 5 章
指導者の心得
― 運動指導のポイント ―

　幼児期の運動の指導の場で大切なことは、運動の実践を通して、運動技能の向上を図ることを主目的とするのではなく、「幼児がどのような心の動きを体験したか」「どのような気持ちを体験したか」という「心の動き」の体験の場をもたせることが最優先とされなければなりません。

　つまり、心の状態をつくりあげるために、からだを動かすと考えていきたいのです。

1　指導の基本

　子どもの生活は、あそびを中心としたものであり、いろいろな運動あそびの中で経験したことを通じて、教育の目標である身体的・社会的・知的・情緒的・精神的発達が期待できますが、その活動内容は、以下のような基本にそって指導することが望まれます。

（1）　子どもに、運動あそびの楽しさを味わせることができるような**環境構成と指導が必要**

①　子どもが思いっきりからだを使って遊び、楽しかったと思えるような活動的な運動あそびを体験させます。

②　運動場面には、未知への桃戦や不安、緊張といった様々な情緒が生起します。できるかな、できないかなと思いながら行った時、これまでは

できなかった運動ができたときの喜びやうれしかった経験は、子どもにとって大きな自信となり、また行ってみようという次への意欲とつながります。このような場面に指導者が遭遇したときは、子どもの努力を認め、大いに賞賛することによって、子どもの自己肯定感は芽ばえます。

③　競争心が芽ばえる幼児期後期（5歳〜6歳）には、他の子どもとの競争だけではなく、自己の記録に挑戦させることが大事です。

④　運動あそびには、技術的な向上により、今までにできないことができたとき、運動の楽しさや喜びを味わうことができます。

⑤　子どものあそびは模倣から始まると言われていますが、自分以外の身近なものや人、キャラクターに変身する等の楽しさを味わせます。

（2）　子どもの心身の発達にとって刺激となるような運動量を確保すること

近年、子どもの運動不足が懸念されています。あそびが成立するためには、仲間、空間、時間の3つの要素が必要であると言われていますが、これら3つの要素は、集団での保育が行われている保育園、幼稚園には存在しています。そして、最も大切になってくるのが、心の教育（道徳）にふれて正しく育つことです。

あわせて、幼児期の子どもには、屋外での友だちとの活発な運動あそびを通して、息をはずませ、汗をかく程度の運動強度と運動量（歩数）を確保することが、生理的にも望まれます。

（3）　運動動作を獲得させること

運動技能は、自然に獲得できるのではなく、その運動技能を必要とする身体活動をくり返し行うことによって獲得できるものであり、獲得した技能が上達するのは身体活動の反復、つまり、何度もくり返すことによるものです。

幼児期には、この身体活動をくり返し行うことを、練習ではなく、子どもが夢中になって遊び込めるよう、指導者は子どもが運動に対して興味や関心をもち、意欲的に関われるような環境設定を行う必要があります。

2 指導上の留意事項

指導の内容は、いろいろなあそびを通して、子どもたちが運動を楽しく経験できるものであることが大切です。その内容は、偏りのないようにしなければなりませんし、その指導の流れは、一般的には導入、展開、整理の3段階で構成されています。

さて、指導者が具体的に注意すべき事項を、以下に列挙してみます。

⑴　十分な空間を確保し、まわりの人や物に当たらないかを確認して、安全に始めましょう。また、安全についての約束事は、始める前に話し合っておきましょう。なお、子どもの服装が乱れていれば、安全のため、整えてから始めましょう。

⑵　恐がる子どもに対しては、無理にさせるようなことは避け、また、できないことでも、がんばって取り組んでいるときは、励ましの言葉をしっかりかけてあげましょう。

⑶　指導者は、子どもの興味を引く話し方やわかりやすい言葉遣いを大切にしましょう。また、話すときは、子どもの目を見て話すようにしましょう。

⑷　指導者が子どもに動きを見せるときには、わかりやすく、大きく、元気に表現することが大切です。そうすると、子どもの方に、行ってみようという気持ちがでてくるはずです。しかし、子どもは、大人の悪い癖も真似ます。見本に示す動きは、しっかりした正しい動きが求められます。とくに、しっかり伸ばすところは伸ばし、曲げるところは十分に曲げることが大切です。

⑸　笑顔で活動して楽しい雰囲気を作り、子どもたちに「楽しさ」を感じさせることが、大きなポイントです。また、指導者もいっしょになって、心から楽しんで活動することと、活動のおもしろさや楽しさを共感することが大切です。

⑹　大人のからだの大きさや力強さを、子どもたちに感じさせることも大切

です。子どもは、大人の力の強さや頼もしさを実感し、一層信頼して関わってきます。でも、力の加減もして〈ださい。

⑺　動きは、簡単で、しかも、しっかりからだを動かせるものが良いですが、時々、からだを上下させたり、まわしたりして、方向も変えてみましょう。

⑻　寒いときは、からだが温まるように、動きの多いものにしましょう。

⑼　課題は、単純なものから複雑なものへ、少しずつ難易度を増すように配慮してもらいたいですが、時に、課題を難しくして、適度な緊張感をもたせることは、動きに対して集中させたり、新鮮さをもたせる点で重要です。

⑽　子どもの工夫した動きや体力づくりにつながるような良い動きを見つけた場合には、その動きをしっかり誉めて、子どもに教育的な優越感を与えましょう。

⑾　どうしたら、上手にできるかというアドバイスを与えることも重要ですが、時間を与え、子ども自身に解決策を考えさせることも大切です。

⑿　子どもがわからないところは、具体的に子どものからだを動かしたり、触ったりして教えると、動きが理解しやすいでしよう。

⒀　一生懸命しようとしている子どもに、しっかりと対応することが大切です。上手にできている場合やがんばっている場合、工夫している場合は、しっかり誉めていきます。そうすると、子どもはやる気をもったり、誉められたことで自信につながったりします。

⒁　身近にある道具や廃材を利用しても、楽しい運動やあそびに役立つことを、子どもたちに知らせることも大切です。

3　指導者に期待すること

　子どもたちが健康を維持しながら、心身ともに健全な生活を送っていくようにさせるためには、まず、指導者自らが自己の生活を見直し、適度な運動を生活の中に取り入れていくことが大切です。その際、体温リズムを理解したうえで、子どもたちに日中の運動あそびの実践を奨励し、充実させて下さい。

　そして、手軽にできる運動あそびを、子どもたちといっしょに、実際に行って汗をかいてもらいたいのです。また、子どもが遊びたくなる園庭づくりを工夫したり、テレビ・ビデオ視聴に勝る運動あそびの魅力や楽しさを感動体験として味わわせたり、お迎え時を利用して、親と子がふれあうことのできる簡単な体操を紹介して、家庭での実践につなげて下さい。

　そのためにも、日頃から運動指導に関する研修会に積極的に参加され、指導者としての研讃を積んでいただきたいと願います。要は、幼児の健全育成を図っていくためには、指導者層に「運動や栄養、休養」の必要性や、規則正しい生活リズムづくりの重要性のわかる人が、一人でも多く増えていくことが大切なのです。

　人間は、本来、太陽が昇ったら起きて活動し、太陽が沈んだら眠りますが、昼も夜もない夜型社会になって、子どもたちのからだの方の対応が追いつかなくなってきました。そのために、今の子どもたちは、乳児期から睡眠リズムが乱されていることと、生活環境の近代化・便利化によってからだを使わないですむ社会になってきたことで、からだにストレスをためやすい状況になっています。

　したがって、子どもにとって、太陽のリズムに合わせた生活を大切にしてやり、昼間にはしっかり陽光刺激を受けさせて、戸外で運動あそびをさせたいものです。

4　子どもたちが外で安全に遊ぶための工夫

　現在の子どもたちのあそびの頻度やあそび場所について、どうすれば、子どもたちが安全に外で元気に遊ぶことができるのかを紹介してみます。

　子どもたちが戸外で安全に遊べるための工夫を、5つにわけてまとめてみますと、⑴保護者の配慮としては、①子どもたちのあそび場を見守る、②防犯と被害対策の教育をする、③子どもの居場所を把握しておく、④日頃から近所づきあいをする、⑤休日は子どもと遊ぶ、⑥子どもとの間で安全上のルールをつくる。

(2)子どもたちの心得としては、①「いってきます」「ただいま」のあいさつをする、②行き場所を伝えてから遊びに行く、③危険な場所を知っておく、④一人で遊ばない、⑤明るい場所で遊ぶ、⑥人通りの多い所で遊ぶ、⑦家族との約束事を守る。

(3)学校の配慮としては、①安全マップを作り、危険か所を子どもに教える、②校庭を開放する、③校庭の遊具を充実させる、④地域や保護者と情報を交換する、⑤仲間を思いやれる子を育てるために、道徳教育を充実させる、⑥幼児と児童、生徒が関わり、互いを知る機会を作る。

(4)地域の方々の配慮としては、①買い物や散歩時などに、子どものあそび場に目を向ける、②110番の家を把握し、その存在を広める、③子どもたちとのあそびのイベントを企画し、交流する（困ったときに手を差しのべられる関係づくりをしておく）

(5)行政の配慮としては、①子どもたちが遊べる公園は、交番や消防署など、安全管理者の勤務地や大人の目が届く場所の近くに設置する、②注意を呼びかけるポスターを作る、③非常ベルや防犯カメラを公園や遊園地などの子どものあそび場の一角に設置し、安全を見守り、緊急保護をしやすくする、④不審者の育たない国をつくる（教育に力を入れる）。

以上、保護者と子どもとの間で、外で遊ぶときのルールを決め、子どもたちが被害にあわないように予防策を話し合うことや、地域の方々との交流や大人の見守りにより、子どもたちに安全な遊び場を提供していくことで、子どもたちが元気に外で遊ぶことができるようになっていきます。

5　公園や園庭で安全に遊んだり、運動したりするための約束事

(1)　靴は脱げないように、しっかり履きましょう。

(2)　上着の前を開けっ放しにしないようにしましょう。

(3)　かばんは置いて遊びましょう。

(4)　マフラーはとって遊びましょう。

(5)　ひも付き手袋はとりましょう。

⑹ 上から物は投げないようにしましょう。

⑺ 指導者の許可なしに、飛び下りはしないようにしましょう。

⑻ 遊具にひもを巻きつけないようにしましょう。

⑼ 濡れた遊具で、遊ばないようにしましょう。

⑽ 壊れた遊具では、遊ばないようにしましょう。

壊れていることを、必ず大人に知らせましょう。

6 運動のつまずきと子どもへの対応

　幼児期の悩みの体験に基づいて、対象者が訴えたいことから、指導者がとるべき方法や対応策を考えてみたいと思います。対象者の経験の一端を、紹介してみます。

（1） 対象者の体験談

①　Hさんの体験談：私は、なかなか自転車に乗れない子でした。幼稚園にいても、友だちが自転車にスイスイと乗る様子をいつも横目で見ていることが多かったです。「乗れない」ことがネックになって、「自分も自転車に乗りたい」という意欲もだんだん消えていったと思います。一度、そうなってしまうと、乗りたいけど替わってほしいと言えず、言えないから乗らない、乗らないから上達しない…こんな悪循環になってしまい、それから抜けられなくなって、つまずきになってしまいました。そんな私を見かねてか、母親は、毎日、自転車の練習につきあってくれるようになりました。自転車からコマをはずし、後ろから支えてくれながら、励ましの言葉を忘れずにかけてくれたのです。その一言一言は、本当にとても励みになっていたと思います。それから、しばらくして、自転車に乗れなかったつまずきは克服され、友だちの前でも堂々とできるようになりました。親の励ましがあったからこそだと思いました。つまずいた幼児には、そのときの環境が克服の鍵だと思います。そのつまずきを見て、のがさず、やる気がもてるような言葉かけをするか、しないか、とでは、

ずいぶん違ってきます。

②　Nさんの体験：私のように、水の中に無理やり頭を押しつけられると、水やプールがとても恐くなり、恐怖というものへの気持ちが一層広がっていきます。運動というものは、やはり自分自身が楽しんで行うことが1番だと思うので、そのためにも、幼児期から故意にさせるのではなく、自然にしたいなと興味をもって運動を楽しむ環境を作ってあげることができたらいいなと思いました。そうすれば、幼児は、自分で楽しいと思い、興味をもったものには一生懸命にがんばって取り組むと思います。そんな気持ちを大切にし、あたたかく見守り、つまずいてしまった子には、励ますようにしていくべきだと考えます。

③　Fさんの体験：跳び箱が跳べなくてくやしい思いをしたことがありました。そのとき、私と同じように跳べない子が数人いたのですが、先生の対応といえば、跳べない私たちのことよりも、多数の跳べる子どもたちばかりの方についていたということです。そのときの思い出は、とても悔しくて、1日もはやく跳べるようになりたいと思っていました。だから、家に帰って、父に跳び箱になってもらい、練習したことを覚えています。先生には、もう少し、跳べないでいる子どもに対しての対応を考えてもらいたいものです。子どもたちに運動の楽しさというものを知らせていき、運動に楽しんで取り組めるような環境を、指導者は作っていかねばならないと思います。

④　Sさんの体験：鉄棒の逆上がりや跳び箱ができなくて、何度もくり返し練習したものですが、できるまで練習につきあって励ましてくれた先生と、できないまま次の課題へと進めてしまう先生がいましたが、克服できないままだったものは、いまだに苦手だし、嫌いな運動になっています。

（2）　指導者がとるべき方法や対応策

　子どもの気持ちを無視して、無理なことをさせたり、上手でないのにみんなが集中して見るような場面を作らない等、子どもがまわりの目を気にせずに楽

しく活動できる環境づくりが大切です。

　もし、子どもが失敗したら、皆で励ますことのできる雰囲気づくりと環境設定が大切で、運動が好きになれるような関わり方が必要とされます。それには、日頃より、運動することやからだを動かすことの楽しさ、大切さを第一に知らせることが必要です。

　また、できない子どもには、少しでも長く接し、自信がもてるように、成功をいっしょに喜び合うことが大切です。具体的には、現段階でその子ができるとされる課題より一段階やさしい課題を与え、それをこなすことができたときに十分に誉め、子どもに、「できた」という達成感を味わわせましょう。

　運動の苦手な子どもであっても、その子の長所を見つけ、その良い点を他児に紹介することで、自信をつけさせます。このような体験や思いを見てみますと、子どもたちは、ほんのちょっとしたことでも、悩んだり、傷ついたりしてしまうもので、指導者が悩んでいる子どもの気持ちに気づかないと、つまずいてしまった子どもは、ずっと、そのときの嫌な気持ちのままでいることが多いことがわかります。子どもの方が、自分で良い方向に転換できればよいのですが、幼児では、まだ自分自身で気持ちや姿勢の転換を図ることは難しいです。

　したがって、まわりの大人の理解と援助が大切といえます。まず、子どもが、こなせなくても、一生懸命にがんばっていたら、そのことを誉めてあげたり、励ましたりして、気持ちをプラス方向へもっていくことが重要といえます。できないときも、できないことが悪いのではないことと、恥ずかしがらずに何回も練習をくり返すことの大切さを指導していけばよいといえます。そうしていくうちに、たとえできなくても、がんばってするだけで、何かをやり遂げたという満足感が得られたと感じられるようになるでしょう。

　とにかく、幼児期は、自由に飛んだり跳ねたりできるようになる頃ですが、まだまだ思うようにからだを動かせないことが多いのです。したがって、このような時期には、運動を上手にすることよりも、からだを動かすこと自体が楽しいと思えるように育てることが大切です。この時期に、運動に対する苦手意識をもたせることは、子どもたちのこれからの運動に対する取り組みを消極的なものにしてしまいかねません。

　また、指導者は、子どもたちといっしょにからだを動かすことが必要です。運動を得意ではない子どもであっても、からだを動かして汗をかくことは好きなので、からだを動かしていろいろな楽しみを経験させてあげたいものです。それも、指導者側は、子どもといっしょに動いて同じ汗を流すことが大切で、指導者の資質としては、子どもといっしょにできることを、どれだけ身につけているかが問われるのです。

　要は、つまずきへの対策として、指導者は、できるだけ子どもの気持ちの理解に努め、勝敗や記録にこだわるのではなく、運動の楽しさを伝えられるような指導のしかたを工夫していくことが必要です。

実　践　編

ウォーミングアップを忘れずに！

　準備運動では、手や足を振ったり、首をまわしたり、ジャンプしたりして、後に行う運動を、安全に効率よく実施できるように、筋肉の緊張をほぐし、関節の可動域を広げ、血液循環をよくし、体温を高めておきます。

　そのためにも、幼児には、わかりやすい大きな動きのある体操を補っていきます。とくに、幼児の落ち着かない気持ちを和らげることをねらうとよいでしょう。

　実際には、運動ができるように、お互いの距離（前後）や間隔（左右）を適切にとらせます。準備運動の補助は、できるだけ子どもたちの後ろから行います。子どもの前に立つと、主の指導者が見えなくなるし、各補助者が個別に幼児をリードするようになり、幼児の自主的な活動を妨げるおそれがあるからです。

　ただし、全く動きを見せない幼児には、補助者による１対１のリードが大いに必要になってくるでしょう。

第 **1** 章

基本の運動

体力づくり運動をしよう！

汗をかくくらいの運動が必要です。自発的に、自主的に行動しようとする意欲づくりのためにも、自律神経の働きをよくする運動刺激が必要不可欠です。

（1）足伸ばし前屈をする（柔軟性）

長座の姿勢で、膝を曲げずに屈伸をします。力を抜いて行います。

補助する場合、子どもの背を、手で軽く押します。

（2）足屈伸をする（脚筋力）

手を腰の後ろで握り、足の屈伸をします。足は、肩幅ぐらい開いて行います。

慣れたら、リズミカルに連続して行いましょう。

（3）手押し車をする（筋力・持久力）

手押し車になる子は、からだをできるだけまっすぐ保つようにします。

手押し車になった子の脚を離すときは、安全上、静かに足をつま先から置きます。

（4）ゆりかごになる（柔軟性）

うつ伏せ姿勢で足首をもち、できるだけ反るようにします。

胸をはり、顔をできるだけ上げます。

（5）片足でバランスをとる（平衡性）

片足立ちでいろいろなポーズをし、バランスをとります。

（6）腹筋運動をする（筋力）

両手を頭の後ろで組み、上体をゆっくり起こします。同じテンポでリズミカルに続けます。

脚が動きすぎるときは、補助者に脚をもってもらい、脚を固定します。

（7）　正座両足とび起きをする

　　　（瞬発力）

　正座位より、両手を振り上げ、一気に立ち上がります。

（8）　腕立て脚開閉をする

　　　（筋力・リズム感）

　「開いて」で両脚を左右に開き、「閉じて」で両脚を閉じます。

　慣れたら、リズミカルに連続して行います。

（9）　馬跳びをする

　　　（瞬発力・平衡性）

　下で馬になるときは、安全上、あごを引き、頭を内に入れます。

　馬になる子のいろいろな高さに挑戦してみましょう。

　上達したら、反復して、リズミカルに跳びます。

（10）　背負い歩きをする

　　　（筋力・持久力）

　友だちをおんぶして、一定距離を歩きます。慣れたら、坂道ののぼり・おりをしてみましょう。

　前歩きだけでなく、後ろ歩きや横歩きもしてみましょう。

（11） 人力車になる（筋力・持久力）

　人力車を引くときは、人力車になった友だちの能力に合わせて歩くことが大切です。

（12） 腕立て腕屈伸をする
　　　　（筋力・持久力）

　足を伸ばして腕を立て、腕を屈伸させます。閉脚だけでなく、開脚でも練習してみます。

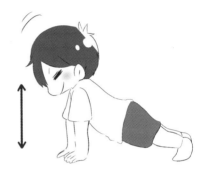

（13） Ｖ字バランスをする
　　　　（腹筋力・持久力）

　手を床につけ、からだを支えてＶ字姿勢を保ちます。

　上達したら、手と足を床から上げて、Ｖ字姿勢を保ちます。

（14） ブリッジをする（柔軟性）

　あお向け姿勢から、足と腕をつっぱり、静かに腹を持ち上げ、ブリッジをつくります。

　腹を持ち上げた姿勢を、5秒程度保ちます。できないときには、マットを使って後ろ曲げの練習をします。

（15）　手たたき腕ジャンプをする
　　　　　（瞬発力）

　腕ジャンプをし、ジャンプ中に手をたたきます。慣れたら、リズミカルに連続して行います。

（16）　開いて閉じて閉じて
　　　　　（リズム感・巧緻性）

　足は、「開く」「閉じる」「閉じる」の運動を、手は「横（水平に）」「下（体側に）」の運動を、いっしょにくり返しながら行います。

足は、開いて　閉じて　　　閉じて

（17）　片脚屈伸（脚筋力・平衡性）

　片手で足先をつかみ、上げた方の膝が軸足のくるぶしに触れるまで軸足を曲げ、その後、直立にもどします。

　何回、くり返してできるか、挑戦してみましょう。

（18）　倒立（腹筋力・背筋力・持久力）

　倒立で、少しの間、静止します。

（19） 足文字（筋力・持久力）

　両足をそろえて、まっすぐ高く上げ、足先で「1、2、3」「い、ろ、は」「A、B、C」等と、綴ります。

　膝を曲げないようにして、つま先をそろえて、できるだけ大きな数字や文字を書くように心がけます。

（20） 前屈わたし（柔軟性）

　互いに後ろ向きで立ち、前屈して、股の間からボールを手わたしします。バランスを保ちながら行います。

　ボールを見ながら受けわたすようにします。

（21） 前後屈わたし
　　　（柔軟性・巧緻性）

　1人は前屈して、股の間からボールを手わたし、他方は後屈してボールを受け取ります。逆の方向も行います。

　ボールを見ながら、受けわたすようにします。

第2章

身近なものをつかったあそび

　タオルやスーパーのレジ袋など、生活の中でふれる身近な用具や新聞、ペットボトル等の廃材を、運動用具として用いた運動を紹介します。身近な用具は可塑性にも富み、自由に変化を楽しむことができます。また、子どもにも取り扱いが容易であり、それらを使った運動あそびは、物の性質を知るとともに、知的好奇心や探索欲求を満足させ、表現能力を豊かに育むことにもつながります。

　また、廃材を利用して子どもたちといっしょに作った遊具は、あそびへの強い興味づけとなり、運動あそびの苦手な子どもたちが自然とからだを動かすことにもつながっていきます。

（1）　タオル乗せあそび

① 　タオルを4等分にたたみ、頭上や背中、
　胸などに　乗せて歩きます。

② 　あそびに慣れたら、走ってみましょう。
　2人組で手をつないで、協力しながら行ってみます。

　　折り返しのリレーをして、競争を楽しんでみましょう。

（2）　タオルとり

①　２チームに分かれ、中央ラインにタオルを置き、補助ライン上に立ち、向かい合います。

②　合図で、走ってタオルを取りに行き、補助ラインまで引っ張って運びます。多く取れたチームの勝ちです。

③　タオルの取り合いになったら、綱引きの要領でお互いが引き合います。時間内に補助ラインまで運べなかったら、ジャンケンで勝ち負けを決めましょう。

　　初めは、タオルの数を多めに準備して、多くの子が取れるように配慮しましょう。

（3）　レジ袋あそび：ナイスキャッチ

　レジ袋は、広げたり、たたんだり、膨らませたり、しぼったり等、様々に変化させることにより、あそびのレパートリーが広がります。また、用具や遊具などを組み合わせることにより、さらにあそびが広がります。

①　中に空気を入れたレジ袋の持ち手部分を片手で持ち、高く投げ上げてキャッチします。

②　頭や背中、足などでキャッチします。

③　子どもは、腹ばいや上向き、後ろ向き等、様々なポーズで、指導者が高く投げ上げたレジ袋をキャッチします。

④　慣れてきたら、遠くから走ってきて、キャッチします。

（4）　シッポとり

①　スタートの合図でお互いのシッポ（レジ袋、タオル）を取り合います。
　　取られても、終了の合図があるまであきらめないで取り続けます。

②　終了後、取った本数を聞いていきます。一番多く取れた子が優勝です。

（5）　蹴ったり・ついたりあそび

①　中に空気を入れたレジ袋を足で蹴ります。慣れてきたら、交互の足で蹴
　　ります。

②　手のひらで落とさないようにつき上げます。慣れてきたら、左右の手で
　　交互につき上げます。

③　両手や両足を使って、落とさないようにつき上げたり、蹴ったりしてみ
　　ます。

④　慣れてきたら、子ども同士で2人組になって行います。どのグループが
　　長くついていられるかを、競争してみましょう。

（6）　ティーボールあそび：ボールコレクター

①　みんなで、同数になるように、2チームを作ります。

②　チームの代表が出てジャンケンをし、先攻と後攻を決めます。

③　後攻のチームは、全員守備につきます。

④　先攻のチームは、打順を決め、一番から順に、バッティングサークルに
　　入り、コーン上のボールを思い切り遠くに打ちます。打ったら、バット
　　を置き、一塁サークルに向かって走り、一塁サークルの中のボールを1
　　個もって、バッティングサークルにもどります。

⑤　守備の子は、打たれたボールを捕ります。ボールを捕ったら、そのボー
　　ルを持って、バッティングサークルに走り込みます。

⑥　攻撃チームが早くもどったら、1点が入ります。守備チームが早かった
　　ら、攻撃チームの得点は0点です。

⑦　攻撃チームのメンバー全員が打ち終えたら、攻守を交代します。攻撃
　　チームとなって、メンバー全員が打ち終えたときの合計得点を競います。

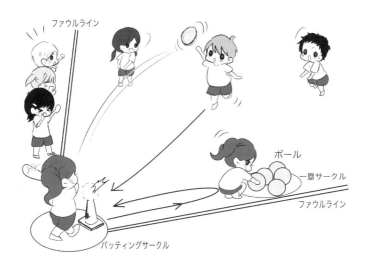

（7）　新聞ランナー（瞬発力・スピード）

　1枚の新聞紙を胸にあて、手を離してバンザイすると同時に、新聞紙が落ちないように走ります。

　新聞紙をバトン代わりにして、リレーを楽しむこともできます。

（8） 短なわジャンプ（瞬発力）

　膝から腰の高さになわを張ります。はじめは低いところから、少しずつ高くして、なわを跳び越えます。

　片足でまたぐのではなく、両足をそろえてジャンプするようにしましょう。

（9） ラケットでボールころがし競争

① 　ライン上にスポンジボールを置き、ラケットを使って（振って）、できるだけ遠くへころがします。

② 　一番遠くにころがった場所へカラーコーンを置き、スポンジボールはひろって帰ります。

③ 　順番に行い、一番遠くにころがった場所にカラーコーンを移動させていき、一番遠い子を勝ちとします（前の子より近い場合は、スポンジボールだけをひろって帰ります）

第3章

親子ふれあい体操

　部屋の中で行うときは、窓を開けて風通しをよくして行いましょう。体操が終わったら、手洗いやうがいをして、汗をしっかりふくようにしましょう。

　では、親子ふれあい体操を紹介してみます。

（1）高い高い

　子どもの大好きなあそびです。喜ぶことで楽しく感じ、また、したいという気持ちを起こさせます。

（2） スーパーマン

親は、子どもの胸とももに手をあてて、子
どもを持ち上げます。移動しながら、子どもを
上下させると、いっそう喜びます。

（3） メリーゴーラウンド

子どもを抱っこして、腰と背中を手で支え、
脇で子どもの足をしっかりと挟み、ゆっくり回
ります。上下させたり、回る方向を変えたりし
ます。

（4）　ロボット歩き

　親の足の甲の上に、子どもが乗り、親子で手を握っていっしょに動きます。前方や横方向、後ろ方向へと移動します。親が大またで動くと、子どもは大喜び。両足を広げて、またさきだ！

（5）　飛行機

　子どもは、親の足をおなかに当てて、前方に倒れます。

　親はタイミングを合わせて、子どもを持ち上げます。慣れていないときは、子どもの両手をもって行います。

（6） 逆さロボット

　子どもは、逆さになって、親の足の甲の上に、手を乗せます。親は、子どもの両足首を持ち、少し引き上げて歩きます。

（7） 仲よし立ち座リ

　親と子どもは、背中あわせになって腕を組みます。腕を離さないで、いっしょにお尻を床につけて座ります。

　2人が呼吸を合わせて、いっしょに立ち上がります。タイミングよく行うことやお互いにからだを押し合うことを、打ち合わせて挑戦しましょう。

（8） 空中かけっこ

　親と子どもは、向かい合って長座姿勢になります。子どもは右足（または左足）を曲げ、左足（または右足）は伸ばしたままにしておきます。

　親は、子どもが曲げている足の裏に自分の足の裏を合わせて伸ばし、子どもの伸ばした足の裏に自分のもう一方の足を合わせて曲げます。

お互いに足の裏が離れないように近づきながら、このままの状態で空中に足を上げます。空中でかけっこをするように、足を交互に曲げたり、伸ばしたりします。

かけ足のリズムをとるために、「1・2・1・2」と声をかけ合いながら行うと良いでしょう。

（9）　しゃがみずもう

子どもと親は、向かい合ってしゃがみます。しゃがんだ状態で、両手を合わせ、足の位置を動かさないように、お互いに押し合いをします。

押し倒されたり、押しそこなったりして、手が床についたり、足が動いたりすると、負けになります。

（10）　足跳びまわり

親は、足を伸ばして座り、子どもは、親の足の上を、両足で踏み切って跳び越えて一まわりします。跳べたら、親は少しずつ足を開いていきます。子どもは、どのくらい遠くまで跳べるかな？　または、一つずつ跳び越えてもいいよ。

できたら、後ろ向きの両足跳びやケンケン跳びでも挑戦してみましょう。

(11) 跳び越しくぐり

① 足跳びまわりでしたように、子どもは、座っている大人の足の上を跳び越えたら、親は座っている状態でお尻を浮かせて、子どもは親のお尻の下をくぐり抜けます

② 子どもがお尻の下をくぐるときに、お尻で通せんぼをしても楽しいでしょう。

③ お尻の下だけでなく、いろいろなところをくぐってみましょう。

(12) グーパー跳び

子どもは、親の足をまたいで向かい合って立ちます。「せ一の」の合図で、親は両足を開き、子どもはジャンプして両足を閉じます。

この動作を、声をかけ合いながらくり返します。2人の呼吸とリズムの取り方がポイント。

上達したら、子どもは、親に背を向けて行ってみます。

（13）　足ふみ競争

　２人で向かい合って、両手をつなぎます。合図で、子どもは親の足を踏みに行きます。親の足を踏めたら、逆に親が子どもの足を踏みに行く番です。

　今度は、お互いの足を踏みに行きます。お互いに足を踏まれないように逃げながら、相手の足を踏むようにします。

（14）　ジャンケン足踏み

① 　向い合って手をつなぎます。「ジャンケン、ポン」で、同時に足を使ってジャンケンをします。

② 　親が勝ったら、手をつないだまま、子どもの足を踏みにいきます。子どもが勝ったら、親の足を踏みます。

③ 　子どもは、足を踏まれないように、ピョン、ピョン跳びはねながら逃げます。

〈足ジャンケン〉

足をそろえて「グー」

足を左右に開いて「パー」

足を前後に開いて「チョキ」

手を離さないで！

踏まれないように逃げろ、逃げろ！

（15）　お尻たたき

　親は、子どもと左手をつなぎ合います。子
どもは、「よーい、ドン」の合図で、右手で親
のお尻をたたきに行きます。

　今度は、子どもが逃げる番です。親は、右
手で子どものお尻をたたきに行きます。

　慣れてきたら、お互いに右手で相手のお尻
をたたきに行きます。相手のお尻をたたきに行
くだけでなく、自分のお尻もたたかれないよう
に逃げます。

（16）　タオル引き

　寝っころがった親の足にはさんだタ
オルを引っ張って取りましょう。

　次は、子どもが足にタオルをはさん
で、親が引っ張ります。

（17）　丸太たおし

　親は、仰向けに寝て、両足を大木が
そびえ立つように、床面と直角に足を
上げます。子どもは、大木（親の両足）
が床につくまで倒します。

　前後左右と、いろいろな方向から押
したり、引っ張ったりしても良いでしょ
う。

　慣れてきたら、親は、手をまっすぐからだにつけて、気をつけの姿勢で行い
ます。

(18)　腕立て握手

　子どもと親は、向き合って腕立ての姿勢になります。

　右手を床から離して握手をしましょう。できたら、次は左手で行ってみましょう。

　腕立て握手状態から、引っ張りずもうをします。両手を床から離して、ジャンプもしてみましょう。

(19)　手押し車 → 出会った友だちと握手 → でんぐり返り

　手をついて、親に両足を持ってもらって歩きます。出会った友だちと握手をして、その後、でんぐり返りをします。

(20)　しっぽとり

　親は、タオルをズボンのベルト部分ではさんでおきます。親と子どもは、左手をつなぎ合います。

　スタートの合図で、子どもはタオルを取りに行きます。

　次は、子どもがタオルをつけて、親がタオルを取りに行きます。

（21）　**輪くぐり**

　２人組になって、１人はフープを転がし、もう１人はフープの中をくぐり抜けます。

第**4**章

運動会でもできる！ おすすめあそび

　運動会は、大人も子どもも、いっしょに楽しくからだを動かせる絶好の機会です。チームを作って競走するあそびは、見ている人にもワクワク感たっぷり。参加者みんなで盛り上がることができる種目を紹介します。

（1）　股くぐり競争

　2人でいっしょに手をつないでスタートし、折り返し地点で、子どもが親の股の下をくぐってから、親が子どもをおんぶしてもどってくる競争です。

（2）　チーム対抗しっぽ取り

　自分のチームの色のしっぽを腰につ
けます。一定時間内に他のチームのしっ
ぽをできるだけ多く取ったチームの勝
ちです。取ったしっぽは、自分のチー
ムの陣地に持ち帰って数えてみます。

（3）　背中合わせリレー

　2人で背中合わせになり、折り返し地点をまわってもどってきます。

（4）　子ふやしリレー　（瞬発力・スピード）

　6人を1チームにし、先頭の子が旗をまわってきます。まわってきたら、次
の子と手をつないで2人で旗をまわってきます。

　だんだん人数を増やしていき、早く6人がいっしょになって旗をまわっても
どってきたチームの勝ちとします。

（5）　魔法のじゅうたん

　大型バスタオルの上に子どもを乗せて、親2人が子どもを運ぶリレーをします。走者は、2人1組です。

（6）　カンガルーの宅配便（ボールはこび競技）

　親がボールを2個、子どもはボールを1個もって、いっしょに折り返し地点まで走ります。折り返し地点から、親は2つのボールを両わきに抱え、子ども

まで走ります。折り返し地点から、親は2つのボールを両わきに抱え、子ども
から1個のボールをもらって両足ではさんで、もどってきます。親がボールを
落としたら、親はその場で止まり、子どもは、ボールを取りに行って、ボール
を親に渡して、競争を続けます。

（7）　たおして　おこして　おんぶして（親子障害物競走）

　ねこ車になった子どもの足を持ち、ペットボトル（ボウリングのピン）の位
置まで進みます。子どもがペットボトル（ピン）を倒し、親子で手をつないで
旗をまわってもどります。帰りは、親が倒したペットボトル（ピン）を立てて、
子どもをおんぶしてゴールします。

（8）　ラッコの波乗り

４人がラッコになって上を向いて１列で寝転がり、ラッコになった子の足首をつかみます。走者は２人組になって、それぞれ大型バスタオルの端をもち、連なった４匹のラッコのからだの下を通してリレーをします。

（9）　サンドイッチボール運びリレー

ペアのボール運びリレーです。背中合わせになった２人が、背中にボールをはさんで運びます。ただし、受けわたしの時だけは、手を使って、次の子にボールを渡してもよいことにします。

背中だけでなく、胸と胸、腹と腹、おでことおでこというように、いろいろな身体部位でボールをはさんで競争すると楽しいでしよう。

（10）　聖火リレー

①　逆さにしたペットボトルの底面（カッターナイフで切り取っておく）に乗せたボール（聖火）を落とさないようにして、走ってコーンをまわってもどってきます。

②　次の子は、聖火を受け取り、同様にコーンをまわってもどってきます。

③　一番はやく、メンバー全員がもどってきたチームの勝ちです。

④　途中でボールを落としたら、落とした所から、再度、挑戦して下さい。

（11） ふたりで一人

① スタートラインの手前に、フラフープを置き、チームごとに2列になって並びます。

② 先頭のペアは、手をつなぎ、もう一方の手で、それぞれフォームハンド（手型）を持ちます。

③ 「よーい、ドン」の合図で、ペアが協力し、フォームハンドを使ってフラフープの中のボールを持ち上げて運び、コーンをまわってもどってきます。

④ スタート地点にもどってきたら、フラフープの中にボールを置き、次のペアにフォームハンドを渡して交代します。

⑤ 全部のペアが終わるまで、競技を続けます。

⑥ ボールを落としたら、その場にボールを置いて、フォームハンドで拍手を3回してから、再度、スタートして下さい。

ペアとなる2人が、協力してボールを運びます。手の形をしたユニークな「フォームハンド」が、競技を盛り上げます。

親子で行う場合、子どもには、フォームハンドを利き手で持たせてあげましょう。

手や足など、フォームハンド以外がボールに触れると反則になります。

フォームハンドの代わりに、ラケットに手の形をした厚紙を貼ると、同じように楽しく競技ができます。

（12）　ピーナッツボールころがし

①　チームごとに1列で、スタートラインの手前に並びます。

②　「よーい、ドン」の合図で、1人がフラフープの中のピーナッツボール
　を足で転がして進み、中間地点と折り返し地点のコーンをまわってもどっ
　てきます。

③　スタート地点にもどったら、フラフープの中にピーナッツボールを入れ
　て、次の子と、手でタッチをして交代します。

④　最後の1人が、スタートラインにもどって、フラフープの中にボールを
　入れるまで、競技を続けます。

ピーナッツボールがなければ、大きさの異なるボールを袋に入れたり、ラグ

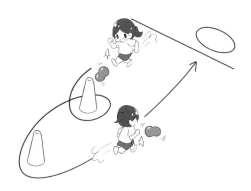

ビーボールを使用して楽しんでみましょう。

（13）　今日も安全運転だ！

①　3人1組になって、スタートラインの手前に1列に並びます。前の2人は、目隠し（アイマスク）をし、1番前の子は、フラフープをハンドル代わりに持って運転手になります。列の後ろの2人は、前の子の肩に手をあてて連なります。

②　「よーい、ドン」の合図で、目が見える1番後ろの子は大きな声を出しながら誘導して、3人いっしょにコーンをまわってもどってきます。

③　スタート地点にもどったら、次の3人組にフープを渡して交代します。

④　繰り返し行い、全員がはやくスタート地点にもどってきたチームの勝ちとします。

（14）　足ながチャンピオン

①　各チーム、スタートラインの手前に1列で並び、横向きになります。

②　「よーい、ドン」の合図で、最後尾の子が先頭に移動し、片足をくっつけます。そして、距離をかせぐように、足を大きく開きます。そして、「ハイ」と大きな声で叫びます。

③　「ハイ」の声を開いてから、最後尾の子が走って先頭につき、また、足を開きます。このやりとりを繰り返して行います。

④　ゴールラインに、いちばんはやく全員が入ったチームの勝ちです。

足を開く代わりに、手をつないでもよいでしょう。

からだのどの部分でもくっついた状態で、一番はやくゴールまで進める方法を、チームごとに考えるようにさせてみましょう。

（15）　大わらわの輪

①　スタートラインの手前にチームごとに1列に並び、横向きで手をつなぎます。列の最後尾の子がフラフープを持ちます。

②　「よーい、ドン」の合図で、最後尾からフラフープを、手を使わないでからだを通して、前に送っていきます。

③　フラフープが先頭までくると、フラフープを足もとに落とし、先頭にいる子はつないでいる手をはなして、落としたフラフープを持ってコーンをまわってもどってきます。

④ スタートラインを通り越え、チームメイトの最後尾までくると、列に
加わって手をつなぎ、再び手を使わずに、後ろからフラフープを前に送っ
ていきます。

⑤ 全員がコーンをまわってもどるまで続けます。

⑥ 終わったら、全員でバンザイをします。

(16) トビウオの波きり

① 各チームのメンバーは、マットの上に1列になって寝転び、トビウオに
なります。このとき、友だちの足首を持ち、はなさないようにします。

② 2人が大型のバスタオルを持ち、トビウオの下にタオルを通して行きま
す。

③ コーンをまわって、もう1度トビウオの下にタオルを通していき、一番
はやくゴールしたチームの勝ちです。

(17) ゴー！ ゴー！ ハリケーン

① チームごとに、2人組になって、2列でスタートラインの手前に並び、
先頭の2人が、ハリケーンをイメージした体操棒の両端を持ちます。

② 「よーい、ドン」の合図で、2人がいっしょに棒を持って、コーンをま
わってもどってきます。

③ スタート地点にもどったら、チームメイトの足の下を通すように、体操
棒をくぐらせます。このとき、待っている子どもたちは、棒につまずか

ないようにタイミングを合わせてジャンプします。

④　最後尾についたら、今度は、棒を子どもたちの頭の上を通して前にもど
　していきます。

⑤　列の先頭まできたら、次の2人組に体操棒を渡します。棒を渡した2人
　は、列の最後尾につきます。

⑥　アンカーの2人が、スタートライン上に棒を置いたら、全員でバンザイ
　をします。一番はやくバンザイをしたチームの勝ちとなります。

第5章
鬼ごっこ

　鬼ごっこには、４つの種類があります。①鬼が子をつかまえたら、役割を交代する一人鬼、②鬼が子をつかまえたら、トリコにするため鬼、③鬼が子をつかまえたら、子を鬼の仲間にする増やし鬼、④つかまえられた子を助けに行く助け鬼のタイプの４つです。

　架空の緊急事態の中で必死に動く鬼ごっこは、スリル感いっぱいで、つかまえにいく鬼の本気度、集中して逃げる子の緊張感、お互いが生み出す集中力と躍動感が、子どもたちにはたまりません。知らず知らずのうちに、敏捷性や瞬発力が身につき、自律神経機能を高める最高のあそびです。

（１）　ヒヨコとネコ　（敏捷性・スピード）
　前の子の腰をつかんで縦１列につながり、先頭の子がお母さん鳥、それに続く後ろの子はヒヨコになります。

　ヒヨコをねらうネコが１匹いて、列のいちばん後ろのヒヨコをつかまえに追いかけます。先頭のお母さん鳥は、羽（両手）をいっぱいに広げ、かわいいヒヨコを守ろうとします。

　ネコが、いちばん後ろのヒヨコをつかまえるか、触れるかした時、今までのネコが先頭のお母さん鳥に、つかまった子が次のネコになって、再びあそびを始めます。

（2）　カゴの中のネズミ（敏捷性・瞬発力）

２人ずつが向かい合って両手をつなぎ、いろいろな場所にかごをつくります。ネズミ（子）は、ネコ（鬼）から逃げて、カゴの中に入ります。かごをつくっている２人のうち、ネズミと向かい合せにならなかった方が、次のネズミとなり、逃げます。

ネコにつかまると、ネズミとネコの役が入れかわります。

（3）　つながり鬼（敏捷性・持久力）

つかまるにしたがって鬼の数が増えていきます。鬼たちは、どんどん手をつないで、横に広がって子を追いかけます。

両端の鬼しか、子どもをつかまえることはできません。

（4） 手つなぎ鬼（敏捷性・持久力）

つかまった子は鬼となり、もとの鬼と手をつないで他の子を追いかけます。

鬼が4人になったら、2人ずつに分かれて、鬼のグループを増やしていきます。

（5） 通りぬけ競争（敏捷性・巧緻性）

1グループ約10人で、2グループを作ります。1グループはスタートラインの手前に立ち、通り抜ける役になります。もう1グループはゴールラインの5メートル程前に立ち、通り抜けを防ぐ鬼の役になります。

「はじめ」の合図で、スタートラインに立っているグループは一斉にゴールをめがけて走ります。途中でつかまったり、タッチされたら、アウトになります。通り抜けた人数の多いチームの方が勝ちです。

第6章

リズム・親子ダンス

音楽に合わせて、お父さんやお母さん、お友だちといっしょに楽しく、からだを動かします。幼児のころから、リズムに合わせてからだを動かす練習をしておきましょう。楽しいリズムに、からだが自然と動くのが理想です。

（1）　花のお国の汽車ぽっぽ〈親子〉

〈前奏〉

親は、子の後ろに立って、子の肩に手をあて、2人は正面を向いて、4拍リズムをとる

5拍目から、子どもは腰の横で手をまわし、2人は汽車になって動き出す

♪あねもね えきから（右足
出して）

♪きしやぽっぽ（手はトント
ン）

① 向い合って手をつなぎ、
　右足を前に出してかかと
　をつけて、もどす

② 1人で1回、手を打った
　後、2人で2回、両手を合
　わせる

♪さくらそうのまち（左足出
して）

♪はしってく（手はトント
ン）

①の逆をする左足を前に出し
　てかかとをつけて、もどす

②と同じ

♪ぽっぽっ　ぽっぽっ　ぴい

③　両手をつなぎ、親が軸に
　　なって子を時計まわりに
　　1周まわす（持ち上げなく
　　てもよい、脇の下を支えて
　　まわしてもよい）

♪ぽっぽっ　ぽっ

前一後ろ → 前 → 前 → 前

④　正面を向いて手をつな
　　ぎ、2人合わせて、両足と
　　びをする

〈間奏〉前奏と同じ

↓

2番・3番・4番は
1番の繰り返し →

最後のポーズ
親が子の脇を抱えて持ち
上げる

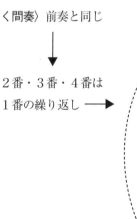

【ねらい】

・親子で汽車になることにより、ゲーム感覚でスキンシップを図ります。

・自由に空間を移動させることにより、自主性や空間認知能力を養います。

【特徴】

・模倣を通して、汽車あそびの楽しさを味わうことができます。

・親が子どもの手をしっかり持って高い空間での動きを行うことで、互いの信頼関係を深めるとともに、ダイナミックな動きを体験することができます。

【創作過程での配慮】

・汽車の動きを、曲のリズムや歌詞に合わせて、自由に表現できるよう、工夫しました。動と静の動きを簡潔にし、理解しやすいようにしました。

・「高い高い」の動きを最後に取り入れ、子どもに満足度が得られるようにしました。

曲　　　名	花のお国の汽車ぽっぽ
作詞者名	小林純一
作曲者名	中田喜直
編曲者名	石川恵樹
Ｃ　Ｄ　名	'94 運動会アニメ体操 No.2
発　売　元	日本コロムビア株式会社

（2）　まるまるダンス

〈前奏〉

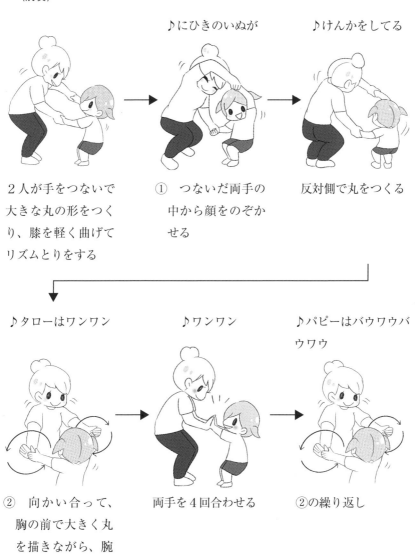

♪にひきのいぬが　♪けんかをしてる

２人が手をつないで大きな丸の形をつくり、膝を軽く曲げてリズムとりをする

①　つないだ両手の中から顔をのぞかせる

反対側で丸をつくる

♪タローはワンワン　♪ワンワン　♪パピーはバウワウバウワウ

②　向かい合って、胸の前で大きく丸を描きながら、腕を１回まわす

両手を４回合わせる

②の繰り返し

♪ワンワン　　♪バウワウ　　バウワウ　　　ワン

③　左右交互に１回ずつ、両足をそろえて軽くジャンプをする（4回）

〈間奏〉前奏の動きと同じ

2番・3番・4番は1番
の繰り返し

最後のポーズは、自由に
丸をつくる（例）

【ねらい】

・腕や手を使って、様々な丸の形を作る楽しさを味わいます。

・自分の好きな大きさの丸を自分のからだで作ることで、自己表現力を養います。

【特徴】

・丸を作ることで、円の概念が身につきます。

【創作過程での配慮】

・屈伸運動や跳躍、ストレッチ等、準備運動にも使うことのできる動きを取り入れました。

・子どもが楽しみながら自己表現できるよう、最後に好きな丸を作る場面を設定しました。

曲　　　名：バウワウワン
作詞者名：村田さち子
作曲者名：平尾昌晃
編曲者名：渋谷　毅
Ｃ　Ｄ　名：NHK おかあさんといっしょスーパーベスト16
発 売 元：*PONY CANY ○ NINC*

（3） ぽかぽかてくてく

〈前奏〉

♪さあ（さあ）　　　　　♪いこう　（いこう）

4人で手をつないで　　① 時計まわりに歩　　①の繰り返し
輪になり、リズムを　　　いてまわり、4拍
とる　　　　　　　　　　目でジャンプする

♪ぽかぽか　おひさまてってる　　♪さあ（さあ）

② ①の逆をする　　　　　③ 手をつないだまま、真ん
　時計と反対まわりに歩い　　　中に寄っていき、4拍目で
　て、4拍目でジャンプする　　　ジャンプする

♪いこう　（いこう）　　　　　　　　♪てくてく　どこまでも

もとにもどってジャンプ　　→　2番は繰り返し　→

④　腰に手を当て、それぞれ
　がその場で時計まわりに
　1周する
　（1歩で90°回転し、4歩
　でもとにもどる）
　（両足をそろえて跳んでま
　わってもよい）

〈間奏〉
　8人で輪になり、手をつない
で縦に振りながら、足踏みをす
る3番は、8人で繰り返し

↓

〈間奏〉
　みんなで輪になり、手をつな
いで縦に振りながら、足踏みを
する4番は、みんなで繰り返し　→

最後のポーズ
みんなで手をつないだま
ま、上にあげる

【ねらい】

・親子から他者へと、かかわりを広げさせ、協調性やコミュニケーション能力を養います。

・空間を様々に移動させることによって、空間認知能力を養います。

【特徴】

・リズムに合わせたジャンプを、空間移動をしながら行うことによって、弾むような心地よさを体験できます。

・他者とのふれあいによって、人とのつながりや親近感を味わうことができます。

・人数を自由に変えて活動する楽しさを味わうことができます。

【創作過程での配慮】

・「ぽかぽか」のイメージを大切にし、ジャンプを繰り返し取り入れました。

・人とふれあうことによって、協調性を養うことができるよう、少しずつ人の輪を広げていきました。

曲　　　名	：ぽかぽかてくてく
作詞者名	：阪田寛夫
作曲者名	：小森昭宏
編曲者名	：小森昭宏
Ｃ　Ｄ　名	：どうようベストセレクション②
発　売　元	：日本コロムビア株式会社

（4）　まっかなおひさま

〈前奏〉

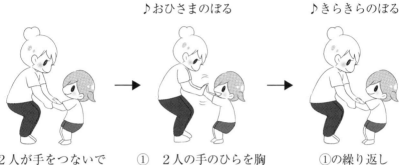

♪おひさまのぼる　　　　　　　　♪きらきらのぼる

2人が手をつないで
リズムをとる

①　2人の手のひらを胸
　の前で合わせて、2人
　で円を描くように、胸
　を大きくまわし、もと
　にもどったところで手
　を2回合わせる

①の繰り返し

♪みんなみんなさめた　　　♪おめめがさめ　　　　　♪た

②　手をつないで、か
　かとを斜め前につけ
　てもどす（2回）

③　糸まきをしなが
　らしゃがみ、両手
　を大きくひろげる

勢いよく立ち上がって

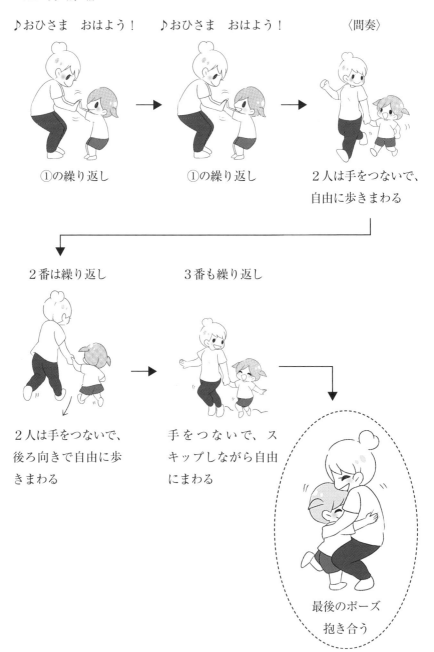

♪おひさま　おはよう！　　♪おひさま　おはよう！　　〈間奏〉

①の繰り返し　　　　　　　①の繰り返し　　　　　　2人は手をつないで、
自由に歩きまわる

2番は繰り返し　　　　　3番も繰り返し

2人は手をつないで、
後ろ向きで自由に歩
きまわる

手をつないで、ス
キップしながら自由
にまわる

最後のポーズ
抱き合う

【ねらい】

・歩いたり、スキップをしたりすることで、空間の広がりを認識します。

・手をつないだり、抱き合ったりすることで、2人のスキンシップを図ります。

【特徴】

・自由に空間を移動することによって、開放感を味わうことができます。

・間奏では、工夫した動きを自由に取り入れ、活動に広がりをもたせています。

【創作過程での配慮】

・単純な動きを多く取り入れ、動きを覚えやすくしました。

・手を合わせて円を描くことで、おひさまの暖かさを表現しました。

・抱きしめ合うことによって、互いの情緒の安定を図るようにしました。

曲　　　名	：まっかなおひさま
作詞者名	：武鹿悦子
作曲者名	：小森昭宏
編曲者名	：小森昭宏
Ｃ　Ｄ　名	：'94運動会あひるサンバ
発 売 元	：日本コロムビア株式会社

中国语版

理 论 篇

第 **1** 章
现在儿童需要运动的理由

儿童在晚上睡觉时，脑内温度降低，会分泌让身体充分休息的激素：褪黑素，以及有助于成长和细胞新陈代谢的成长激素，但是现在受大人社会的夜型化的不良影响，儿童的生理规律也变得不正常了。不规律的生活节奏，会导致焦虑不安，注意力不集中，待人接物出现问题，身体乏力等症状。生活节奏变得不规律时，会造成儿童身体不健康，从而导致学习成绩下降，体能下降，心理问题等消极影响。近年来围绕儿童的三个问题如下。

1 睡眠时间不规律

（1） 入睡时间晚

首先，现在的孩子都被卷入了夜型化的生活。经常看到有儿童在深夜被父母带着出入家庭餐馆、小酒馆、卡拉 ok 等场所，有些餐馆打出了具备育儿室等标语，也有针对儿童设计的菜单。

"没问题，孩子很健康""晚上是父子互相接触的时间""孩子说他还不困"等让孩子熬夜的家庭也多了起来。孩子的生活变成了"晚睡，晚起，浑身没劲"的生活。现在的日本，超过晚上 10 点睡觉的幼儿比例多于 4 成，这是一个国家的危机。

还有，为了大人的健康所开放的夜间学校体育馆，带着孩子一起去配合父母运动到很晚的情况也增加了起来。孩子被卷入大人的夜型生活，变成不健康的状态，父母不知道孩子的健康生活应有的状态，不去配合孩子生活节奏的"无知识"

"低意识"等情况，现在应该被视为问题。

（2） 短时间睡眠的危险性

那么，不能睡 10 个小时的孩子是怎么样的？ 其中，睡眠不满 9 小时 30 分的孩子，有注意力不集中，焦躁，多动等特征。这样的状态，不能心平气和地生活，也不能认真参与到幼儿园内的活动。上了小学，也不能专心学习。

实际上，对于在幼儿期一直是短时间睡眠的孩子，上学后，也不能集中注意力一小时，往往过了 10-20 分钟之后，注意力就不能集中，即便再优秀的老师也没办法。

长期短时间睡眠会引发更严重的症状，孩子自然会出现发怒生气和不良行为。

睡眠，不仅仅是让大脑休息，让身体疲劳恢复，也是让记忆整理，扎根在大脑，也就是说，是培养大脑的，所以跟学习能力的关系是不言而喻的。因此，婴幼儿期间的睡眠，对于大脑来说是非常重要的。

如果睡眠时间推迟到深夜，就会变成短时间睡眠，或者变成晚起床，导致早上时间更加紧张，从而成为不吃早餐的原因。

2 饮食不规律的问题

睡眠不足或晚睡晚起时，便不能好好地吃早饭，或甚至不吃早饭，这是需要关注的第二个问题。不吃早饭的话，就会比较焦虑，如果是幼儿的话，会有胡乱扔积木，乱扔玩具，从后面吓唬朋友等行为。

现在，只有大约 8 成的幼儿每天吃早餐。我们大人每天要吃早中晚三餐，但是幼儿的成长发育比较迅速，只有三餐是不够的。而且，刚出生不久，胃也比较小，也不能一次吃很多，所以给吃零食是对不足部分的必要补充。也就是说，对于幼儿而言，一天 4-5 餐都是必要的。基于这些，我们很担心不吃早餐的幼儿数量的增加。

而且，还有更进一步的问题。例如，6 岁儿童中有大约 8 成孩子吃早餐，但是早晨排便的大约只有 3 成。人类吃的食物，易于消化的，大约 7 ～ 9 小时之后，变成粪便。完全消化的话，大约需要 24 小时。晚上睡眠 10 小时的话，晚饭吃

的东西经过消化之后，残渣会在第二天早晨到达大肠。早晨的胃是空的。空腹状态的胃摄入早餐，胃会向大脑传递有食物进来的信息。然后，为了排出之前吃进来被消化的食物，肠道会开始蠕动，把食物残渣推出去。那个时候，肠道里有东西是好的，能够刺激大肠从而缓缓地排出去。

为了让肠道里的东西积攒起来，只给零食的话，不能够产生充分的重量和体积，不吃比较优质的食物，是没有办法结成粪便的。

近年来，不能在家先排好便，把身体状况调整好才去上园的孩子很多。这样的话，上午的活动力比较低下也就不是那么地不可思议了。上午运动量减少，一整天的运动量也就减少了，体力自然而然得不到提高。

3　运动不足的问题

值得关注的第三个问题，就是儿童在生活中，运动量大幅减少的事情。例如，在 1985 年～ 1987 年的时候，日本幼儿园里 5 岁的儿童，上午 9 点到下午 4 点，大约步行一万二千步左右，到了 1991 年～ 1993 年的时候，这个数据减少到了 7千 8 千步。而且到了 1998 年以后，降到了 5000 多步，现在已经降到 80 年代的运动量的一半了。而且，去保育园也多以乘车的方式，孩子在生活中的运动步数减少，培养体力的必要运动量就变得不足了。

从观察孩子日常的活动中，我们可以看出，孩子在需要保持平衡步行的时候，不能保持好脚趾的姿势（平衡感），如果生活中能够有充分的走路的锻炼，就不会出现这种问题了。

在跑的时候因为没有挥舞手臂，没有充分提起膝盖，所以脚趾被地面绊倒。日常生活中，相比在外面玩，看电视的时间变得多起来，使得对于活动场所的进深，和别人之间的距离感的认知，空间认知能力都得不到培养。所以和从前面或者侧方来的人相撞的事情也变得多发了。

另外，1、从婴儿期开始，爬行期的时间短暂，不能培养全身肌肉力量和安全能力，2、就算能走路，坐婴儿车也使得肌肉力量和平衡能力都很弱，3、每天开车到园里，运动量也减少，由于运动不足，和各种动作的体验不足，在快要跌倒时，也不懂用手进行自我保护的动作，造成摔倒受伤。

主要原因是在夜型生活中，儿童的睡眠节奏被打乱，导致不吃早饭，不排便等情况发生。结果导致活动力低下，变得不能动了（体力低下）。

4 自律神经、脑内荷尔蒙与体温规律

上午打瞌睡，身体疲劳等导致活动力低下。随着体力低下，自律神经的活动也会减弱，白天和晚上的体温规律也会紊乱起来。

因此，我们也会经常看到体温不能调节到维持在36度区间的"高体温"和"低体温"儿童，异常的体温规律使儿童早晨体温低不想动，晚上体温比较高而愿意开始活动 。

正常的生活中，体温一般在凌晨3点到达一天的最低值，白天下午4点左右到达一天的最高点（图1）。

例如，下午4点前后，是放学的时间，是最容易动起来的时间。对于孩子而言，我们可以称呼为"学习和娱乐的黄金时间"。寻找自己的兴趣或者关心的事情，例如，自然或者动物都可以，模仿体育运动也可以。在这段黄金时间里，应当让孩子尽情游玩。通过这个过程中的热情，挑战，创造，和实践的亲身体验，

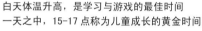

白天体温升高，是学习与游戏的最佳时间
一天之中，15-17点称为儿童成长的黄金时间

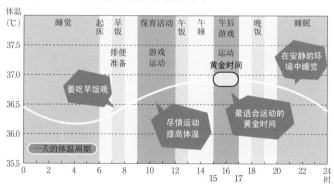

体温有其自身规律。在高体温的时间段里，人体相当于充分热身，这个时间段便于身体活动，学习效率也高；在这个时间段里进行运动，激素分泌也会更好，健康的身体规律也能够得以自然形成。

图1 一日的体温变化规律

孩子能够快速成长。

　　另外，生活夜型化的幼儿的体温变化规律，是相比较普通幼儿延迟几小时的。早晨，本来是睡着时的体温，但是不得不起来开始各种活动。由于体温还是比较低，身体还没有完全苏醒过来，所以行动比较迟钝。相反，到了夜里，体温比较高，进入了睡不着觉的恶性循环。

　　把这种延迟的体温变化恢复到正常，是改善生活规律战略的重点。下面介绍 2 个有效的方法：1，让孩子沐浴早晨的阳光。2，让孩子白天运动起来。

　　让调节体温的自律神经充分动起来的要点，详见表 1。

表 1　促进儿童的大脑和自律神经活性化的要点

①　大人要重视基本的生活习惯
②　儿童应该多去室外活动，感受温度差的刺激，增强身体的免疫力和适应能力。
③　在安全的游乐场中，引导儿童尽全力玩耍和应对（和他人一起玩耍），积累这样的玩耍经验。（要在安全的环境中给孩子制造紧张的气氛，让孩子在紧张感中学会应对的方法）
④　通过运动增加肌肉的活动，促进血液循环，从而身体产生更多的能量（体温上升），身体出汗放热（体温下降），刺激体温的调节功能。

（1）　与身体规律相关的脑内荷尔蒙

　　对于人类晚上睡觉，早晨起来进行活动而言，脑内不得不充分分泌荷尔蒙。在晚上，松果体会分泌出褪黑素来促进睡眠，以及为了白天的活动所准备的激素（皮质醇，β 内啡肽等）都会被分泌出来，如果没有分泌出这些荷尔蒙，就容易失眠，起床后没精力。

　　这种荷尔蒙分泌的规律被打乱的话，大脑不能调节温度，时间感模糊不清，做任何事情都没有干劲儿。在健康的状态下，分泌促成睡眠的褪黑素，在深夜 0 点左右达到顶峰，同时脑内的温度也随之降低。所以，神经细胞能够得到休养，对于孩子而言便能够得到良好的睡眠。

　　睡眠和清醒的规律被打乱，身体的规律也被破坏，这样对荷尔蒙的分泌也不好，分泌的时间带也变得比较乱，这样就更加不能调节体温。结果就是晚上大脑温度不能降下来，神经细胞不能得到休息，睡眠时间需要变长。这样，无论睡多

长时间，早上都会不能正常起床或昏昏沉沉。当早上不能正常起床时，到了下午身体终于分泌出皮质醇，β 内啡肽，体温开始升高，身体终于变得有些活力。当然了，由于分泌能力还是非常低，结果就是引起易疲劳，持久力低，集中力低，发呆，焦躁，不安乏力，抑郁等各种负面状态。

此外，近年来，从幼儿期开始学习的各种知识也开始增多，需要大脑处理的信息也越来越多，可是孩子的睡眠时间变得越来越少，导致孩子长期处于紧张的状态。当希望提升学力的时候，也不能忽视能够让学过的内容进行整理牢记的睡眠时间。如果只是不断地缩短睡眠时间，也不能恢复疲劳，记忆力也会非常低下。

而且在将来的升学过程中，不能集中精力学习，什么都学不进去，日常的生活也变得很困难，最后只能待在家里。

（2） 倡议"早睡早起吃早饭"的活动和课题

改善儿童的问题，直白的说，大人们也必须要认真起来，有让孩子从婴幼儿期开始就过上规律生活（营养均衡，劳逸结合）的必要。是我们的国民运动"早睡早起吃早饭"的成因。

尽管这是一个促进健康的机会，但在改善自律神经的功能从而增加孩子的活力上，目前还差一步。

请参照图2。这张图表明了日本儿童的问题，反映了生活习惯怎样一步一步恶化起来的。

对于解决困扰着儿童的这些问题，首先，充足的睡眠很重要，对于维护培养大脑都很有必要。所以，就要早睡早起。而且，睡眠被打乱，饮食也随之被打乱，吃早饭的对策也要提倡。

但是，这个健康运动，也只能做到这种程度的关护，期待成长为有这样意识的，自发自主的儿童的话，"运动"刺激也是孩童生活所必需的。运动，游戏对于自律神经的机能发育是不可缺的。除了建立良好的生活习惯外，我们也需要意识到在一整天的生活中，通过白天的运动来消耗体力，让情绪舒缓的运动时间的机会以及场所的提供也是很重要。

这也是"早睡早起吃早饭"这个全民运动中，必须要加上"运动"的原因。也

夜型生活导致睡眠规律紊乱……

↓

饮食不规律

（不吃早饭）

↓

上午精神不振，每天的运动量减少

（运动不足，体适能低下）

↓

自主保护身体的自律神经功能低下

（昼夜体温规律紊乱，难以自主地进行活动）

↓

激素分泌规律紊乱

（早上起不来，白天不想动，晚上睡不着）

↓

身体状况不佳，精神状况不稳定

↓

学习能力低下，体适能低下，不愿意上学，有暴力倾向

图 2　日本儿童生活习惯问题演变

就是说，需要有"均衡的营养""适量的运动""充足的睡眠"的意思。换而言之，大力提倡"运动"，并且积极的施行是非常重要的。

（3）　针对改善儿童问题挑战的必要性

现在，对于儿童来说，需要大力提倡"运动"，如果希望达到"均衡的营养""适量的运动""充足的睡眠"等要求，则需要幼儿园、家庭、地区联动起来，继而在全国推广。

运动和游戏不仅承担着增加体力的重责，在基础代谢，体温调节，或者说对于脑、神经系统的发育上也有重要的作用。对于幼儿园，学校，地区而言，创造能够让孩子忘记时间、热衷运动和游戏的环境，能够使孩子安心成长。

为了孩子的未来，大人们和社会都需要认真起来，为孩子准备好运动环境，谋求运动的日常化，尽全力去支援，一起来让孩子变得幸福，好吗？

（4） 研究得出的结论和建议

目前，我们通过调查儿童和父母的生活以及生活规律的研究所得出的结论。

① 低年龄，体力弱的儿童，只是上午玩一下，晚上就疲劳，会很快就困了，但是随着年龄的增长，体力的增加，只有上午的玩耍，不能够带来足够的疲劳，下午的玩耍也是必要的。特别是下午 3 点以后的运动游戏，让孩子充分地释放运动能量，舒缓情绪，是晚上能够早睡的秘诀。

② 吃完晚饭的时间如果超过晚上 7 点，晚上 10 点睡觉的机率就比较高。再晚的情况下也建议尽量晚上 7 点前就让孩子吃完晚饭。

③ 从早上起来便开始感觉疲劳的孩子，都是看电视时间比较长，晚上睡觉晚。然后，睡眠时间比较晚，白天的运动量也很少。看一下这种孩子的家庭情况，母亲很长时间都在使用邮件。而且，晚上处理各种事情，与孩子的交流也很少。

④ 到了晚上 8 点，就要把环境变暗，让孩子感觉到是夜晚，引导孩子睡觉。不要让孩子看电视。把电灯关掉，让房间变暗很重要。

⑤ 要养成早上把窗帘拉开的习惯。早上让孩子感受阳光，以光刺激来唤醒孩子。

（5） 给大人的告诫

为了改善近年来儿童所遇到的问题，大人有必要更加重视"婴儿时期儿童的原本的生活"。

① 如果孩子过着夜生活，从早晨起就抱有睡意和疲惫是很自然的。

② 睡眠不足使注意力难以集中是很自然的，不吃早餐会增加沮丧感。上学后，上课无法保持专注，也无所事事。

③ 从很小的时候开始，如果与父母分开生活，会发现孩子渴望亲情。如果离子女太远，父母也难于维持自己的感情，也变得不会爱子女。

④ 如果过于注重便利性和时间效率，父母与孩子之间的接触和步行等运动量的时间将减少，沟通也将减少，体力也会下降，并且对外部环境的适应性也会降低。

⑤ 如果孩子过度观看电视和视频，还会延迟孩子的人际交往能力和语言发

展，从而导致不能良好地沟通。特别是下午的运动量减少，玩电子游戏和
看电视时间的急剧增加，导致儿童缺乏运动，因此无法调整日常生活节奏。

除非这些要点得到改善，否则就不可能提高儿童的学习能力和体力。所以出现
一些问题儿童也就不是那么奇怪的了。在这里，将不得不沉下心来保持婴儿期的
健康生活方式。

为了调整生活方式，绝不能忽略在日常生活中能够释放运动能量和舒缓情感
的机会或场所的重要性。因此，在幼儿时期的白天玩耍非常重要。运动不仅在增
强体力方面起着重要作用，而且在改善基础代谢，调节体温以及在大脑和神经系
统的工作中发挥重要作用。

对于幼儿园或者地区而言，保障有可以使孩子忘记时间的流逝并沉迷于游玩
的环境，孩子们就能够安心成长。

建议 1　不仅上午要玩，下午也要玩

从孩子们的体温最高，并能进行热身运动的下午 3 点左右开始，如果户外的
集体游戏和运动不充分的话，就连想发挥的运动能量也无法释放出来，压力和焦
躁感就会郁积。因此，在白天里，比起在室内看电视、玩电视游戏，在阳光下进
行充分的运动，从而获得能够促进晚上睡眠的适当疲劳是很重要的。低年龄、体
力弱的孩子，只要在上午活动一下身体，晚上就能早点睡，但是在体力增强的
4、5 岁以后，只做早上的运动是不够的。请一定要好好考虑体温上升高峰时的
运动，并将其纳入孩子的生活中。

调整幼儿身体的要点是，①在体温达到顶峰的下午 3 点～ 5 点左右，好好地
活动身体。②早点吃晚饭，晚上 8 点左右睡觉。最晚也要在晚上 9 点前睡觉。③
早上 7 点起床，吃早饭，要留出充足的时间排便。④上午也尽量在外面玩。

运动在调节生活节奏里起了平衡的作用，也就是说，运动有助于晚上的良好
睡眠，也会增加食欲。随着健康生活节奏的习惯化，孩子们的身心状态能得到良
好的维持，心也能平静下来，没有生气，情绪也能稳定下来。

但是，遗憾的是，现在这样的机会正在极剧减少。如何解决这个问题就是交给
我们大人的紧急课题。生活是与一天的周期相连的，如果生活习惯（生活时间）
的一个节点崩坏了，其他的生活时间也会渐渐崩坏。相反，生活的节点之一（特

别是运动方面）如果能向好的方向改善的话，其他的事情也会逐渐变好。

这也是身体活动、运动指导者，幼儿园的老师们和家长非常值得期待的地方。

建议 2 提倡"亲子体操"

首先，我们为父母和孩子设计了一些在日常生活中也能活动身体和进行锻炼的亲子体操，会请父母与孩子一起运动玩耍出汗。请父母给孩子一些专属的时间。家长也能通过看到孩子的动作，感觉到孩子的成长，并感到快乐。如果其他家庭成员也在做有趣的运动，也请作为参考。请称赞孩子努力的样子，并给他信心。让孩子思考他们的动作并培养他们的创造力。通过活动，孩子会感到饥饿，因此能很好的进食，到了晚上，因运动带来的疲劳感会促成良好的睡眠。亲子运动的习惯有助于改善饮食和睡眠的问题。

迄今为止，亲子体操已在许多地方得到推广。但是，为了付诸实践，从当地社区、市、省和国家都在认真开展行动，以发起大规模的健康促进运动。有过这种运动体验的孩子大概能喜欢上学习和锻炼，并成长为能够与家人和社会上的人很好地交流的年轻人。

为什么不赶快从幼儿期开始便重视生活和实行亲子体操，特别是珍惜运动体验所带来的感动呢？

通过研究发现运动的必要性（总结摘要）

为了使儿童的大脑和自主神经正常运作，首先，大人必须重视儿童的基本生活方式。

为了进一步增强自主神经的功能，

① 必须将儿童带出房间适应各种环境和温度并对其做出反应的能力。

② 在安全的操场上，让儿童体验拼命的运动，以及"与人一起运动"。换句话说，让儿童在安全但虚构的紧急情况下进行刺激的锻炼。具体的有效运动，例如捉人游戏或躲避球游戏等有趣刺激的团体运动。

③ 通过运动 （肌肉活动）改善血液循环，产生热量（增加体温），通过汗液排出热量（降低体温），从而激活促进体温调节功能并自然提高体力。另外，如果白天不运动的话，体力和生活节奏会变得怎样？生活与一天的周

期息息相关，因此，如果生活习惯（生活时间）的一个节点崩坏了，其他的生活习惯就会跟着变坏，相反，如果能改善生活习惯（时间）的一个节点，那么其他事物将逐渐改善变好。

换言之，如果孩子在白天或阳光普照时坚持锻炼，孩子会觉得饿，想提前吃晚饭，感到身心疲惫，想早点睡觉。越早睡，第二天就起得越早，然后吃完早饭就可以早到幼儿园。由于孩子有时间吃饱早餐，能够获得能量，体温升高，这样便能开始白天的运动和锻炼，体力也会自然提高，这是一个很好的循环。如果想改善生活并提高体力，除了早上的阳光刺激，最重要的还需要在白天进行健身运动。不要放弃，先从专注于改善其中一个问题开始，并一个接一个地致力于改善。肯定会好起来的。让我们以"突破一点，全面改善"为口号，一起努力加油！

第 2 章
了解儿童的发育过程

1　婴儿发育成长和运动

　　婴儿出生时体重约 3 公斤，男孩的体重较重。出生时体重小于 2.5 公斤的婴儿称为低体重婴儿，体重小于 1 公斤的婴儿称为超低体重婴儿。体重在 3 - 4 个月内变化约两倍，在出生后第一年变化约 3 倍，在 3 岁时变化约 4 倍，在 4 岁时变化约 5 倍，在 5 岁时变化约 6 倍。出生时身高约 50 厘米，出生后 3 个月的成长最为显著，约成长 10 厘米。在出生后第一年里，约有 24 至 25 厘米的成长，在 1 至 2 岁之间大约有 10 厘米的成长，之后是 6 至 7 厘米的成长，4 至 5 岁时大约是出生时的两倍，11 至 12 岁时大约是出生时的 3 倍。

　　运动的发育形成，从可缓慢直立行走，到可以以各种姿态移动，逐渐使手臂和手成为可控器官。首先，出生后大约两个月的时候，会经历旋转运动（翻身）和爬行。大约 6 个月的时候，可以独自一人坐着，大约 8 个月的时候，可以爬行，身体可以离开床，并且可以沿着路走，搀扶行走和直立行走，但必须记住，只有人类环境的积极行动才能保证正常的发育。

　　到上小学时，人已经掌握了一生中大部分的日常运动。这个时期的特点是，虽然有着强烈的运动渴望，但是会容易产生厌倦的感觉。

2　分为四种类型的发展过程

在发展中，身体各部分的发展或内部器官功能的发展都不会以均衡的方式和相同的速度增长或发展。

Scammon 注重人类发展过程中各个器官的组织特征，并把肌肉／骨骼系统（一般型），脑／神经系统（神经型），生殖系统（生殖型）和淋巴系统（淋巴型）的发展用图来总结了，为我们提供了了解人体机制的宝贵材料（图 3）

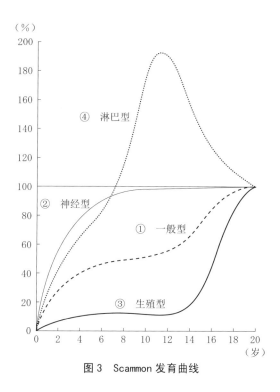

图 3　Scammon 发育曲线

① 一般型是肌肉，骨骼，呼吸器官，循环器官等。

② 神经型是大脑，神经，感觉器官等。

③ 生殖型是生殖器官。

④ 淋巴型是与激素，内分泌腺相关的器官等。显示出各个相关器官的发展。出生后脑神经系统迅速发展，在 10 岁左右的时候，已经达到近成人的 90％，而淋巴型从 12 岁左右的约 200％开始逐渐减少，在 20 岁左右的时候会回到成人区域。

（1）神经型和一般型

在儿童早期，尽管只有神经型已经达到大人的 80％，但是一般型的发展还很不成熟，必须等到青春期才能完成。因此，婴儿在运动过程中，在协调方面表现出显著的进步，但增强肌肉力量和发展耐力似乎较弱，

所以，当一个 4 岁或 5 岁的孩子"在房间里玩耍追逐"或"练习骑自行车"时显示出与母亲可比的进步，但是在"推动轮胎"和"搬运垫子"上，就好像完全比不上了。换句话说，在幼儿期的教学中，首先，应当加强培养协调性，敏捷性，平衡性和灵巧度等以基本感觉和神经系统为主的运动锻炼。

但是，这里不希望大家有一个误解。如果仅仅因为肌肉和骨骼的发展只有成人的 30％ 左右而认为使用肌肉力量进行锻炼和训练肌肉力量完全没有意义的话，这是不对的。希望大家能认清锻炼幼儿的手脚和腰部的肌肉力量对于幼儿的日常生活是非常重要的。实际上，当考虑改善儿童的运动功能时，首先关注的应该是提升敏捷性，在运动时提升肌肉力量和耐力是次要的。另外，不要忘记通过整合各种功能来发挥运动功能，例如感觉和神经功能，肌肉功能和内脏功能。

此外，请记住，运动功能是通过整合各种功能（例如感觉和神经功能，肌肉功能和内脏功能）来发挥出来的。

（2）生殖型

在幼儿期和小学低年级时的生殖性腺系统的发育大约是大人的 10％，性别差异的影响也很小。

（3）淋巴型

淋巴系统在儿童早期发展迅速，到 7 岁时已达到大人的水平。到 12 岁左右，几乎是大人的两倍。换句话说，抵抗力较弱的婴儿需要迅速发展淋巴系统，以

准备并预防外界细菌的入侵。之后，随着接近大人的阶段时身体会变得更有抵抗力，淋巴系统的作用就会下降。

3　身体各部分均衡的变化

根据 Stratz 的研究，考虑到身体各部分均衡的变化，如图 4 所示，孩子不是变小了的大人。可以看出，身体各部分的平衡会随着年龄而变化。

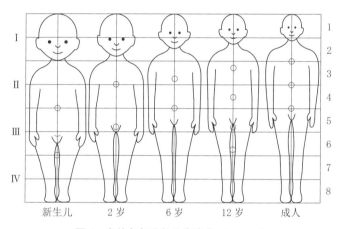

图 4　身体各部分的均衡变化（Stratz）

例如，基于头部和身体的比例，新生婴儿的身高是头部高度的 4 倍，即四头身。2 岁时是 5 头身，6 岁时是 6 头身，12 岁时是 7 头身，大人时差不多是 8 头身。

也就是说，婴儿年龄越小，头的比例越大，四肢越小。身体顶部较大的比例和沉重的头部意味着整个身体的重心较高，这使其不稳定且容易摔倒。此外，幼儿时期由于身体自身的平衡功能尚未得到充分发展，因此当向前倾斜时，会变得更加难以平衡，使得从头部跌落，面部受伤的风险也增加。

4 发育顺序和幼儿期的运动

运动功能的发展具有三个特征。

① 功能发展从头部转移到下肢。

② 从身体的中枢向周围发展。

③ 从仅使用大块肌肉进行粗线条运动开始，逐渐分化，渐渐变得可以熟练使用小块肌肉进行精细运动和协调性运动，意识的（自愿）运动也变得可能。

发育和成长有一定程度的连续性，有快速发展时期，和缓慢发展时期，也有停滞时期。

在考虑改善婴儿的运动功能时，首先要注意进行提高敏捷性的运动，一开始做不到精细的运动，需要进行大量的全身运动，到了大约4至5岁时，手和指尖都能够独立运动起来了。

在5到6岁的年龄，独创性的发展在进步，情感的发展也在进步，因此，从游戏中进一步发展并增加体育锻炼很重要。让孩子体验比赛，玩得开心，开发运动能力。

5岁儿童的双脚跳距离大概与身高相当，6岁儿童的跳跃距离几乎是3岁儿童的跳跃距离的两倍。这是由于腿部肌肉力量的发展和协调性的发展所造成的结果。

在投掷练习中，即使手臂或手腕的力量很大，如果在错误的时间放开球，距离也不会增加。

悬垂运动不仅受肌肉耐力的影响，还受运动的意愿的影响。

在幼儿期，运动能力特别是由于大脑皮层运动区域的发展而进行调节的能力迅速增长，并且不论性别如何，该项能力在四岁左右突然发展起来。这可能是因为大约4岁时大脑中的锥体细胞突然变成了回路，并且肌肉和骨骼也发育了。

重要的是需要知道，儿童的成长和发展速度各不相同，并且个人之间存在很大差异。

在儿童时期，控制身体的能力，调整的能力会迅速提高。从婴幼儿时期开始神经系统的显着发展，再加上肌肉耐力的发展，使构造复杂的运动和锻炼都变得可

能。在体育实践中也是，婴幼儿时期的游戏将会演变成具有复杂规则的游戏或集体进行的运动游戏，演变成具有教育意义的体育活动。

5　运动表达的机制

在幼儿时期，由于大脑的脑细胞之间的交流回路不牢固，知觉、判断、思维、运动等不可能有高水平的运作和情感，因此不能做出相对应的行动。

大脑皮层具有创建运动模式的能力，并且通过重复一定的运动使神经组织得以连接，并且在脑细胞之间形成了通信电路，该电路成为控制运动模式的中心。感觉系统运动和控制运动的中枢神经系统的功能对于适合的理性运动很重要。

例如，从未骑过自行车的人，哪怕是四肢的神经和肌肉都发育得很好，从一开始也不能很好地骑自行车。即使是儿童，如果在大脑皮层中形成了适合骑自行车的电路时，根据这个命令，运动神经系统和肌肉系统便能协调地运作。在最开始，将脱节的运动感觉整合在一起。

运动分为：意识运动（自主运动）和与意识无关的反射运动。在运动表达过程中，当传递信息的五个感觉器官（视觉、听觉、嗅觉、味觉、触觉）检测到来自外界的刺激时，会将信息传递给大脑，从而进行识别、分析、调整和判断，提供有关如何移动肌肉并开始行动的指令。

外部刺激由感受器（眼睛、耳朵和手等感觉器官）感知，并作为信息通过感觉神经系统到达大脑。在大脑中，经过比较和判断这些信息，并做出决定后，命令就会通过脊髓和运动神经系统，到达引起运动的执行者（肌肉）。最终，肌肉会自动调节和收缩，从而引起运动。结果会不断发送到中枢进行反馈。

仅仅通过从大脑发出命令，就不可能对各种运动模式做出反应。那些能够准确识别指令并根据指令很好地控制肌肉的人都有很好的运动神经。可以通过快速传输正确的命令或错误的命令来使唤肌肉达成相同的目的，但是来自大脑的命令差异也会在结果上产生很大的差异。

第一次做的动作虽然是一个笨拙的意识动作，但是通过重复它，它将变得更灵巧，可以在没有特殊意识的情况下完成的情况也将会逐渐变多，成为一种机械性的条件反射运动。以上是提高运动技能的过程。

当孩子在学会"行走"前，不会突然学会"奔跑"。运动功能的发展可以通过孩子的运动来判断，因此第三方很容易观察和掌握成长和发展的阶段。

受体感觉神经刺激（感觉器官）（眼睛，耳朵，手等）脊髓 → 大脑 ← 脑反馈运动执行者（反应）（效应器）运动神经（肌肉）图5运动表达的机制

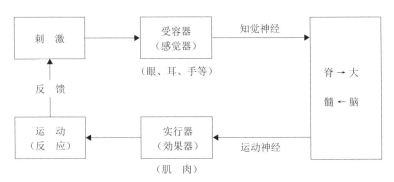

图 5　身体运动的发展过程

第 3 章
儿童锻炼的作用和效果

　　如今，随着城市化进程的发展，儿童可以活动的空间越来越小，充分移动身体的机会也越来越少。毋庸置疑，对于身体抵抗力较弱且容易生病的婴儿，必须适当考虑健康的问题，但即使这样，"如果感冒了会很麻烦、""因为外面有紫外线所以不能在外面玩耍。"如果因为过分在意周围的环境而让婴儿远离运动，结果，婴儿会缺乏运动，反而对健康产生负面影响。如果在这个时期远离运动，则会延缓全身肌肉的发育，并且很难形成平衡感。特别是在当今人们认为背部肌肉无力的时代，运动经验的有无对婴儿的健康有很大的影响。尽管如此，现实是越来越多的人朝着不动的方向发展。幼儿的体育锻炼和运动不仅仅在于增强体力。还能培养作为人类生活的能力，并建立人类的生活方式的基础。但是，如果没有基本的体力，就很难采取防御性的训练来提高耐心和注意力，使越来越多的儿童直接受伤。每天运动良好的孩子懂得如何用手来防护，以免受伤。但是，如果由于缺乏运动而使反射迟钝，则运用手的方式会变得不自然，并且可能会跌倒，受到了攻击，可能会很难受。另外，即使球缓慢飞行，也无法用手接住或避开，因此，球会正面直击脸部。这样，每天不运动的孩子都不知道他们会遇到的危险，而且身体本身还没有体验到如何预防这种危险。婴儿通过锻炼身体和进行各种锻炼来建立自己的身体能力，发展社交能力和智力。

　　为了让孩子能靠自己的力量去跨越困难和成长得更好，在户外和很多其他孩子一起多运动是很重要的。积极地长期进行运动的孩子，自然地培养出持久力，当中也可以提高和改善呼吸循环功能。此外，经常走动的幼儿，会有更强的肌耐力，跑步能力也会提升。另外，如果能够随着自己的意愿来自由活动身体，便能

改善体力和综合的协调能力。说起体力和健康的增进，虽然很容易将目光投向肉体方面，但千万不要忘记与精神和知识方面也是有密切的关系。

对于外面的世界，变得积极并且主动，生活的热情也会高涨，也会变得更健康。相反，什么都不做的话，体力就会变弱，精力也会衰退。不但容易生病，也容易变得内向。健康的话，自信和冒险心也会随之增加。这样对性格形成也有很大的影响，所以幼儿早期的健康和体力的培养可以说是非常重要的。

幼儿运动，即使是非常简单的运动，如果没有发达的大脑活动，也绝对不行的。只要人类活着，身体活动就是必须要进行的，这样才能更好的维持生命。也就是说，幼儿期虽然是短暂的一部分，但是通过促进身体活动，可以扩大自己的生活空间，也可以尽可能地助长社会性和情绪性的各种能力。

积极促进这样的身体活动，对作为人的综合发展起着重要的作用。发育时期如果没有进行最大刺激的身体活动的话，幼儿的潜在能力就无法得到充分的发挥。

不管怎样，实践各种运动有助于身体的发展，并且有助于培养情感和社会性的发展，以及能够考虑健康、安全性的能力等，因此也有助于良好的身心形成。

在此，让我们来看看在幼儿健康身心的发育中，运动游戏和运动实践起着怎样的作用吧。

1 促进身体发育

运动和身体的发育是不能分开考虑的。适度的身体活动和运动实践，可促进身体的发育，也就是说，全身运动能提高人体的新陈代谢，促进血液循环，从而促进骨头和肌肉的发育。

肌肉是通过运动逐渐增加其宽度，与之成比例的力量也会变强。相反，不使用肌肉的话，被称为废用性萎缩，肌肉会变细，身体也会变弱。也就是说，肌肉是通过运动来强化的。利用玩沙子、秋千、滑梯、攀登架等设施，自然就可以提高肌肉力量，提高呼吸循环功能，从而促进身体各部分的成长。

也就是说，当通过运动来锻炼身体可以增强体力和健康时，幼儿便会变得更喜欢有活动性的运动，这样就可以同时促进身体的发育。

2　运动功能的发展和促进

通过身体活动，与之相关的各种机能会被刺激并发展起来。但是，在各个时期中都有发展了的机能和还未发展的机能。例如，幼儿的神经功能在出生后表现出极为显著的发育，出生后 6 年能够达到大人的 90%。

因为运动机能处于脑神经系统的支配下，所以在神经机能急速发展的幼儿时期，让孩子体验各种各样的运动，铺设支配运动神经的中枢是很重要的。另外，由于幼儿时期形成的神经控制中枢不容易消失，在那个时期，可以说发展以调整为中心的运动机能是最好不过的。

通过运动让身体机能顺利的发展，从而提高并增加运动机能，在婴幼儿期的后阶段就会有显著的效果。

通过多样的运动经验，除了可以刺激幼儿身体发育和增强体力，还可以培养协调性、平衡力、柔韧性、敏捷性、节奏感、速度、肌肉力量、耐力和瞬间爆发力等各种能力，并且可以学会确定方向性。

换句话说，可以改善身体的平衡性和稳定性，增加身体的每个运动的相互协调，并且可以整体和局部控制各种协作运动。而且，当身体匀称且肌肉的协调运动可以合理的进行时，锻炼的准确性和速度将得到提高，可以节省不必要的能量损耗。

3　促进健康

通过全身运动，血液循环得到改善，心脏，肺部和消化器官的内部功能得到促进。此外，通过重复锻炼，可以适应外界环境，增强皮肤抗寒能力，并建立难以受凉的体质。换句话说，增强了抗寒性和耐热性，改善了身体的适应性，对促进健康非常有用。

4 情绪发展

运动和运动的实践促进情绪的发展。随着情绪的发展，幼儿锻炼的内容会发生变化。换句话说，运动与情绪发展之间存在密切的相互关系。仅仅出于生理上的兴奋情绪就分为愉悦和不愉快，情绪又可以细分为喜悦，愤怒，恐惧和嫉妒。到五岁时，几乎所有的情绪都会表达出来。

这种情绪的发展是通过人际关系的交涉而形成的。早期关系形成的媒介就是运动游戏，其中幼儿与父母、兄弟姐妹、朋友等的关系在运动游戏中更为明显。而且，运动是排解幼儿在日常生活中的不安、愤怒、恐惧、欲望、不满等安全有效的手段。

另外，对于身心有着某些障碍的儿童，可以看到大人因为担心而严管，导致这些儿童的运动量和集体运动经验都有些不足。自闭症的幼儿中，有不少是在体力充足的同时，将运动能量封闭在自己的身体中，从而对情感产生负面影响。

因此，让幼儿充分排解出内在的运动能量，让其内心的焦虑不安散发出来，无论是情绪上还是精神上都是非常重要。对于多动的幼儿，也是同样的道理。运动到大颗的汗珠都出来了，之后便会变得比较平静。如果因为是多动便强行限制运动的话，反而会使孩子变得更加多动。不管怎么说，运动对于健康的感情的发展来说，都有着重要的意义。

5 促进智力发展

孩子从小就通过以游戏和运动为中心的活动来了解自己和外界的区别，识别与自己接触的人的态度，学习事物的性质和处理方法。另外，在培养正确感知、认识事物的功能和分辨异同的能力等知识学习能力的运动游戏中，幼儿借助空想和想象力，将所有的东西都作为道具来利用。例如，大石头会变成跳箱，变成跳台，有时也会变成马。

这样的运动游戏，可以帮助提升想象的能力和培养创造性，有助于智力的发展。想办法如何使用运动游乐设施和自然物体的时候，思考力就会被培养出来。

通过使用各种运动工具的运动，幼儿可以认识到游戏用具的使用方法、玩法、物品的意义、形状、大小、颜色、构造等，并进行学习。在智力发育方面，虽然根据自己的意志探索、检查环境和物品，并进行尝试很重要，但有时指导者的正确指示，对物品的性质进行说明也是非常重要的。然后，在运动游戏中，积累成功和失败的经验，对于智力的发展也是很重要的。

另外，如果能和朋友一起运动的话，自然而然地就会培养出认知能力和思考能力，能够进行集体思考。而且，模仿学习的对象范围也扩大了，运动经验的范围也变广了。幼儿就这样学习自己和他人的关系，获得对人际关系的理解。而且，当获得关于自己能力的知识时，幼儿就会和他人的能力进行比较。

在生理上，细胞间的精密化结合和神经纤维的脑鞘化，有助于促进脑的功能。神经也是一样，基于"使用、不使用的原理"，适度使用可以促进发育。

6　社会性的培养

幼儿和同伴一起运动的时候，需要遵守顺序，和大家建立关系。另外，有必须互相遵守的规则，幼儿必须遵循其行动规范。在运动实践的场合，为了理解集体中纪律的基本要素、合作的态度等，由于含有丰富的社会性内容，所以通过充分的实质经验，能够掌握经营社会生活所必要的态度。

也就是说，在各种运动实践中，不仅可以按照指示进行各种运动，还可以和同伴一起运动，从而培养对人的认知能力和社会行动力。这样，通过和朋友一起运动，了解规则的必要性，能学会一边调整自己的欲望一边享受运动。

7　治疗效果

发生各种各样类型的运动障碍是因为大脑无法发出或无法接受协调的命令。把运动障碍的治疗目标放在运动方式和动作，或者运动机能的恢复上，根据那个状态使之进行身体活动，由此可以知道肌肉的作用、平衡、姿势、协调、运动感觉（自己的身体各部分，做着怎样的运动能够协调的感觉）、视觉、知觉等日常活动中组织起来的各种因素。

功能不好会剥夺和抑制幼儿独立生活的能力和享受游戏的能力。因此，通过在运动和运动实践中学习正常有效的活动模式，可以使幼儿达到与能力相应的要求。

此外，有语言发育障碍的儿童由于无法充分表达思想和感情，所以可以通过各种运动来解放感情和欲望。

8 提高安全能力

掌握运动技能是掌握了保护生命的技术，有助于提高自己安全的能力。另外，通过培养遵守规则和指示的能力，也能防止事故发生。

9 对日常生活的贡献和生活习惯的养成

"睡得好，有助于调整生活节奏"。"在运动后有空腹感时，通过结合改善偏食的指导，对治疗很有帮助"；"通过进行擦汗和洗手的指导，有助于养成清洁身体的习惯和态度"等，从而学习到基本的生活习惯。

如果能够通过各种各样的运动经验，让幼儿充分体验身体活动的乐趣，除了日常生活，幼儿会变得一生都积极实践运动。这样，便能体会到"活动身体，运动是快乐的"。

也就是说，通过运动来满足活动欲望，把运动本身的乐趣传递给每个幼儿的时候，这种快乐可以激发幼儿积极的自发性，发展成通过日常生活持续实践运动的态度。

像这样，作为发达刺激的运动实践，不仅促进了身体的发展，而且从中也培养了情绪性的发达、社会态度的培养、健康·安全性的考虑能力等，对于人格的形成起到了不可或缺的作用，并且是极为重要的。

第 **4** 章

应该发展孩子的哪些能力呢?

1 体 力

体力是什么呢,每个人都有很多各自的想法,有各种各样的定义,在这里,体力是指人类存在、活动所必需的身体能力。

也就是说,相当于英语的 physical fitness 这个词。从这个意义上来说,体力大致分为两个方面。一种是战胜威胁健康和外界刺激从而维持健康的能力,其内容包括对疾病的抵抗力、对暑热和寒冷的适应力、对病原菌的免疫等,称为防卫体力。

另一种是进行工作、运动项目等运动时所需要的能力,是积极活动身体的能力,称为行动体力。

也就是说,所谓体力,可以说是综合了作为对各种各样的压力的抵抗力的防卫体力和为了积极地活动的行动体力的能力。行动体力分为体格、体型等身体形态和机能两部分,下面就对其功能方面进行简单的说明。

(1) 行动的力量

① 肌耐力(strength)

是指肌肉收缩所产生的力量。也就是说,通过肌肉的最大化,能发挥出多大的力量,能够达到多少公斤。

② 瞬间爆发力(power)

指 power 的意思,是瞬间使出很大力量发起运动的能力。

（2） 持久力

所谓持久力（endurance），大致分为，在对所使用的肌肉群施加负荷的状态下，如何能够长时间持续工作的肌肉持久力（muscular endurance），以及长时间持续全身运动而进行的心肺（呼吸·循环）功能的持久力（cardiovascular/respiratory endurance）

（3） 正确的行动力（调整力）

综合各种各样不同的动作，来正确地、流畅地、高效地执行目标动作的能力，也经常被称为协调性。另外，和平衡性、敏捷性、灵巧度等体力要素有着很高的相关性。

① 协调性（coordination）

指将身体两个以上部位的运动融合在一个运动中，或是对应身体内外的刺激而进行运动的能力，在学习复杂运动的时候起到重要作用。

② 平衡性 （balance）

通称平衡，是保持身体姿势的能力。分为在步行，跳跃，横穿的运动中，表示姿势的稳定性的动态平衡性和表示静止状态下的稳定性的静态平衡性。

③ 敏捷性 （agility）

是指快速运动身体，转换方向，对刺激做出反应的能力。

④ 灵巧度（skillfulness）

配合身体，正确、快速、流畅地活动的能力，也就是所谓的灵巧、巧妙。

（4） 圆滑力

① 柔软性 （flexibility）

指身体的柔软性，身体能往各种方向弯曲、伸展的能力。如果这个能力好的话，能够顺利地进行身体大幅度拉伸而且优美的运动。

② 韵律感 （rhythm）

随着声音，节拍，律动，自然而优雅地运动身体的能力，跟运动的协调和效率有相应的关系。

③　速度（speed）

指事物进行的速度。

2　运动能力

幼儿的身体运动从四肢的运动开始，然后脖子的动作和脖子的肌耐力变得发达，能支撑起头部。到了7～8个月左右，就可以坐下来，具有平衡感。接着，在产生手、脚的协调性的同时，手、脚、腰部的肌肉发育，能够使幼儿支撑起身体，爬起来。

爬的机能发达到一段时间后，平衡感也会变得更加发达，然后能够开始站立、步行。这些发展虽然存在个人差异，但在出生后1年2～3个月内，都会是这样的过程。

到了幼年时期，具备跑力、跳力、投力、悬垂力等基础运动能力。为了让幼儿的运动能力得到发展，让孩子自发地重复体验有兴趣的运动游戏是很重要的。因为，到了3～4岁左右，运动能力就会通过玩耍来发展。

另外，这里所说的"运动能力"是指全身的机能，特别是神经、感觉机能和肌肉机能的综合构成能力。此外，作为基础运动能力，跑步能力和跳跃能力的成长很快，特别是在3岁～5岁的时候，可以说是进步很大的时期。

其中，跑步运动是全身运动，所以与体力和心肺功能（循环功能）的发展有很密切的关系，跳跃运动是由瞬间通过脚部的肌肉力量而进行的运动，所以跳跃距离的长短与手臂的摆动和脚的伸展的协调能力也有很密切的关系。关于跳跃距离，6岁的孩子由于腿部肌肉力量的发展和协调性的发展更为发达，所以6岁儿童的跳跃距离几乎是3岁儿童的跳跃距离的2倍。

在投掷运动中，即使手臂或手腕的力量很大，如果在错误的时间放开球，距离也不会增加。特别是远距离的投掷，从脚到手腕，需要按顺序把力量传递到投球上，远距离投球的话，从4岁半以后，男孩的发育要比女孩快很多。

悬垂运动不仅受肌肉耐力的影响，还受运动的意志力的影响。

另外，体力和运动能力常常会被混同理解，其实体力是指排除了肌耐力、持久力、柔韧性等这些技能而发挥出来的生理机能，运动能力则是指跑步、跳跃、投掷等体力运动，是需要考虑到必要的基本技能的。

3 运动技能和运动时所培养的能力

（1） 运动技巧

介绍一下幼儿时期基本的 4 大运动技能

① 移动系运动技能

　走路、跑步、爬行、跳跃、单腿跳、游泳等从一个地方移动到另一个地方。

② 平衡系运动技能

　保持身体平衡的技能，例如在平衡木上保持姿势稳定的技能。

③ 操作系运动技能

　投掷、踢，打、取等需要操作物体的技能。

④ 非移动系运动技能（临场反应的运动能力）

　当场吊挂或推、拉的技能。

（2） 运动时培养的能力

① **身体认知能力**

理解和认识身体部分（手、脚、膝盖、手指、头部、背部等）及动作（肌肉运动的动作）的能力。看清自己的身体是如何活动，和变成什么样的姿势的能力。

② **空间认知能力**

知道有关自己的身体与包围自己的空间的情况，从而理解身体与方向、位置关系（上下、左右、高低等）的能力。

运动能力指的是体力和运动技能的综合能力。

运动技能上升的话，运动能力也会上升。

在幼儿园或托儿所的游戏中，提供多些能让孩子学习运动技能的机会，
不仅仅是孩子的体力，连运动能力也一起培养吧！

第 **5** 章

指导者的心得
— 运动指导的重点 —

在幼儿期的运动指导中，最重要的不是以通过运动实践来提升运动技能为主要目的，而是以提供"心理活动"体验的机会为最优先，例如"幼儿体验了什么样的心理活动""体验了什么样的心情"等。也就是说，活动身体是为了搭建心理状态。

1 指导的基本

孩子的生活是以玩耍为中心的，通过各种各样运动游戏中获得经验，来希望达成身体、社会、知识、情绪和精神方面的教育目标，但是其活动内容希望能遵循以下的基本指导。

（1） 能够让孩子体会到运动游戏的乐趣所需的环境构成和指导是必要的。

① 让孩子体验一些能够让他们倾尽全力愉快地活动身体的运动游戏。

② 在活动场景中，对于未知的挑战、会产生不安、紧张等各种各样的情绪。一边想着能不能做到的时候，当能做出至今为止没能做到的运动时所获得的喜悦和愉快体验，对孩子来说能够增强很多的自信心，并且能够让孩子产生还想再玩耍的欲望。在这样的场面下，指导者在接待孩子的时候，通过认可孩子的努力并加以赞赏的话，能够让孩子对自我肯定的感情萌发出来。

③ 在竞争心萌发的幼儿期后期（5～6岁），不仅仅是和其他孩子的竞争，

对突破自己记录的挑战也是很重要的。

④ 在运动游戏中，随着技术的提高，当成功挑战至今为止做不到的事情的时候，可以感受到运动的乐趣和喜悦。

⑤ 孩子的游戏都是从模仿开始的，让孩子模仿自己以外身边的东西、人、角色，从而体验到角色变换所带来的乐趣。

（2） 确保对孩子身心的发展有刺激作用的运动量

近年来，孩子运动不足的问题值得关注。对于游戏的成立，同伴、空间、时间这三个要素是必要的，这三个要素都存在于集体保育的保育园或幼儿园。而且，最重要的是，要正确地教育心灵（道德）。

同时，对于幼儿期的孩子，生理上来说，也应该让幼儿期的孩子通过在室外和朋友活跃地运动来增加心跳和出汗，以确保合适的运动强度和运动量（步数）。

（3） 学习运动动作

运动技能不是自然能获得的，而是通过反复进行需要运动技能的身体活动来获得的，如果希望提升已经获得的技能，关键在于身体活动的反复，也就是说需要反复进行多次。

在幼儿期，让孩子反复进行这个身体活动，并不是靠练习，而是为了让孩子能够喜欢上运动游戏，指导者需要创建一个能够让孩子对运动充满兴趣和关心，以及自主地希望运动的环境。

2 指导上的注意事项

关于指导的内容，让孩子能够通过各种各样的游戏来体验到运动的乐趣是很重要的。其内容必须是没有偏倚的，其指导一般由导入、开展、整理三个阶段构成。

那么，以下列举一下指导者应该具体注意的事项。

(1) 确保充足的空间，确认不会碰到周围的人或物，确认好安全之后才开始。另外，关于安全的注意事项，在开始之前就应该先说好。如果孩子衣衫不整，为了安全，请整理好后才开始。

(2)　对于容易恐慌的孩子，不要勉强他们。此外，即使孩子做不到，但是在孩子努力尝试的时候，也要好好地说些鼓励孩子的话语。

(3)　指导者要选用能够引起孩子兴趣的说话方式和易懂的语句。另外，说话的时候，请看着孩子的眼睛说话。

(4)　指导者给孩子做示范动作的时候要做到精神饱满地，大幅度地，通俗易懂地示范。这样的话，孩子也会产生尝试做的心情。但是，孩子也会模仿大人不好的地方。所以在做示范的时候，一定要正确地，标准地做示范。特别是应该伸展的地方要好好伸展，应该弯曲的地方要好好弯曲。

(5)　带着笑容活动，营造愉快的氛围，让孩子们感受到"快乐"，这是很重要的一点。另外，指导者也要一起参与，发自内心地享受活动，共同感受活动的趣味和快乐，这也是很重要的。

(6)　让孩子们感受到大人身体的大小和力量也很重要。孩子会切实地感受到大人力量的强大和可靠，可以使孩子更加信赖大人，不过要注意控制力量。

(7)　简单而又能让身体得到充分活动的动作比较好。但是有时候也可以尝试改变一下运动方向，可以时而上下活动一下身体，时而扭转一下身体。

(8)　寒冷的时候，为了使身体暖和，请做一些动作较多的运动。

(9)　课题从简单到复杂，一点点增加难易度，但是有时候，可以把课题弄得难一点来给予孩子适度的紧张感，这样能够让孩子集中精力运动和保持新鲜感。

(10)　当发现孩子经过努力后能够很好地完成动作的时候，要好好地表扬孩子，给予孩子教育意义上的优越感。

(11)　虽然给予孩子如何做才能做好的建议很重要，但是给予孩子一些时间，让孩子自己思考解决办法也很重要。

(12)　对于孩子不明白的地方，可以亲自进行示范，手把手地教导，这样能够让孩子更容易理解动作。

(13)　对于认真努力尝试做的孩子，应该要好好地回应他们。当孩子做得很好的时候，或是尝试努力的时候，或是费尽苦心下功夫的时候，都要好好地表扬孩子。这样能够让孩子更想积极地挑战尝试，并且因为获得表扬而拥有更多的自信心。

⒁　让孩子知道即使利用身边的道具和废品，也能进行快乐的运动和玩耍，这
　　也是很重要的。

3　对指导者的期待

　　为了让孩子们在保持健康的同时，身心都能够健全地发育，首先，指导者自己
重新审视自己的生活，把适度的运动纳入生活中，这是很重要的。请在理解了体
温韵律的基础上，鼓励孩子们在白天进行运动游戏的实践，使之充实。希望指导
者能够实际与孩子们一起流汗一起做一些简单的运动游戏。为创建一个能够让孩
子愿意玩耍的园庭环境而下功夫。让孩子能够感动地体验到能够战胜电视屏幕的
运动游戏所带来的魅力和乐趣。利用迎接孩子的时候，介绍一下父母和孩子能够
互动的亲子体操，然后再结合家庭内的实践。

　　为此，平时就应该积极参加有关运动指导的研修会，积累作为指导者的学习经
验。重要的是，为了培养幼儿的健康发育，增加能够明白"运动、营养、休养"
的必要性，以及制定有规律的生活节奏的重要性的指导者人数很重要。人类本来
就是太阳升起后起床活动，太阳落山后睡觉的，但是，到了没日没夜的夜猫子社
会，孩子们的身体方面的对应变得跟不上了。因此，现在的孩子们，因为从婴儿
期开始睡眠节奏就被打乱，加上由于生活环境的近代化和便利化，造成了哪怕不
用多活动身体也能够生活，导致了身体很容易囤积压力。因此，对于孩子来说，
应该珍惜与太阳节奏相应的生活，在白天让孩子接受阳光刺激，让孩子在户外运
动。

4　为了让孩子们能够在外面安全地玩耍所需的工夫

　　关于现在孩子们的玩耍频率和玩耍场所，到底该怎样做才能让孩子们能够在外
面安全地活跃地玩耍呢？为了让孩子们能够在户外安全地玩耍，总结来说有 5 个
要点。

　　(1)作为监护人的考虑，①保护孩子们的玩耍场所；②进行防止犯罪和受害对策
的教育；③把握好孩子的行踪；④平时就已经开始和附近的邻居进行交流；⑤休

假时与孩子玩耍；⑥与孩子之间建立有关安全的守则。

(2)作为孩子们的规则：①让孩子们养成出门和归来时打招呼的习惯，例如说"我要出去了""我回来了"；②在去玩耍前把将会去的地方先告诉大人；③知道哪里是危险场所；④不单独一人玩耍；⑤在明亮的地方玩耍；⑥在人流量大的地方玩耍；⑦遵守和家人的约定事项。

(3)作为学校的考虑，①制作安全地图把危险地方告诉孩子；②开放校园；③充实校园的游玩器具；④与地区和家长交换情报；⑤为了培养孩子成为能体谅同伴的孩子，充实道德教育；⑥提供幼儿和儿童学童间相互认识的机会。

(4)作为地区成员的考虑，①在购物和散步的时候，观察一下孩子玩耍的地方；②知道警察局的所在位置，并把有关情报让更多人知道；③企划一些与孩子们玩耍的交流活动（提前建立起能够伸出援手的关系）。

(5)作为行政部门的考虑，①把孩子们可以游玩的公共场所设置在派出所和消防局等安全管理者的工作场所，和大人能看到的地方附近；②制作能引起注意的海报；③在公园和游乐园等儿童游乐场所的一角设置警铃和防犯摄像头，保护安全，便于进行紧急保护；④建立一个不培养可疑分子的国家（致力于教育）。

在保护者和孩子之间制定在外面游玩的规则，为了不让孩子们遭受被害，要共同商量防犯对策，通过和地区的人们的交流和大人的守护，为孩子们提供安全的游玩场所，这样孩子们就能精神饱满地在外面玩耍了。

5 在公园或庭院里安全地玩耍和运动的注意事项

(1) 鞋子要穿好，不要让鞋子轻易脱落。

(2) 扣好外衣的纽扣。

(3) 放下背包之后再开始玩耍。

(4) 把围巾摘下来才开始玩耍。

(5) 摘掉带绳子的手套。

(6) 不要从上面扔东西。

(7) 没有指导者的许可，不要从高处跳下去。

(8) 不要把绳子缠绕在游玩设备上。

⑼　不要在潮湿的游玩设备上玩耍。

⑽　不要使用破损的游玩设备，一定要把破损的事情告诉大人。

6　运动的受挫和应对

　　根据幼儿期的烦恼体验，从对象者想要诉说的事情开始，我想尝试考虑一下指导者应该采取什么样的对策方法，以下将会介绍一些对象者的经验。

（1）　对象者的经验之谈

　　H 先生的体验：我是一个学不会骑自行车的孩子。在幼儿园里，很多时候我都是从旁观看其他小伙伴们游刃有余骑着自行车的模样。"不会骑"成为了瓶颈，"自己也想骑自行车"的欲望也渐渐消失了。一旦变成这样的话，虽然想骑，但是说不出口自己也想试骑一下，因为说不出口所以骑不到，因为骑不到所以不能进步……变成了这样的恶性循环，之后就无法摆脱，变成了绊脚石。也许是因为看不下去那样的我，母亲每天都会陪我学骑自行车。她把辅助轮从自行车上取下来，一边从后面支持着我，一边不忘鼓励我。我觉得母亲说的那些话真的非常激励我。从那开始，再过了一段时间后，我克服了不会骑自行车的挫折，在朋友面前也变得大大方方了。我觉得正是因为有了父母的鼓励和支持，我才能够克服过来的。对于遇到挫折的幼儿来说，我觉得那时的环境会是能否成功克服的关键。当看到孩子遇到挫折时，要积极地跟孩子说出一些鼓励的话语，说跟不说有着很大的差别。

　　N 先生的体验：像我这样，如果硬要把我强行往水里按下去的话，水和游泳池就会变得非常可怕，面对恐怖的东西时心情也会更加恐惧。我觉得运动还是自己能够开心地进行才是最重要的，所以，从幼儿期开始不要强逼孩子，而是自然地让孩子去做运动，如果能够提供一个能够让孩子感受到做运动的乐趣的环境便好了。这样的话，幼儿会觉得自己很快乐，对感兴趣的东西会拼命努力。我觉得应该好好珍惜这种心情，温暖地守护，鼓励绊倒的孩子。

　　F 先生的体验：我试过跳箱跳不起来，感到很不甘心的经验。那个时候，有几个孩子像我一样不会跳，但是老师的反应是比起不能跳的我们，老师更倾向于注

视那些跳到的孩子。那时的回忆，觉得非常不甘心，希望能早日跳起来。所以回到家，我便让父亲扮演跳箱，进行练习。希望老师能多考虑一下对于不能跳的孩子的对应。让孩子们知道运动的乐趣，指导者必须创造一个能让孩子们享受运动并致力于运动的环境。

S先生的体验：由于我不能单杠倒立和跳箱，所以需要反复练习，其中，有老师一直鼓励我陪我练习到我能够做到为止，但是也有老师在我还做不到的情况下继续进行下一个课题，对于一直没能克服的东西，直到现在还不擅长，因此变成了令我讨厌的运动。

（2） 指导者应采用的方法和措施

不要忽视孩子的心情，不要让孩子做一些不合理的事情，不要制造一些明明做得不好却大家都集中观看的场面，营造一个让孩子能够不在意周围人的目光，愉快地活动的环境是很重要的。

如果孩子失败了，营造一个大家都能互相鼓励的氛围和环境很重要，必须要有能够让孩子喜欢上运动的参与方法。而且，从平时开始，首先必须让孩子知道运动和活动身体的乐趣和重要性。

另外，对于做不到的孩子，尽量花多点时间跟他们相处，帮助他们培养自信心，一起分享成功是很重要的。具体来说，给孩子一个比现阶段的课题更简单的课题，在孩子完成了这个课题的时候就好好地表扬孩子，让孩子体会到"我做到了"的成功感。即使是不擅长运动的孩子，也能通过发现那个孩子的优点，并把那个孩子的优点告诉其他孩子，让那个孩子获得更多自信心。看到这样的体验和想法，我们便能知道孩子们会为一点点小事而烦恼或感到受伤，如果指导者没有及时注意到苦恼中的孩子的心情的话，遇到挫折的孩子很多时候都会一直留有当时的那份糟糕心情。如果孩子能够靠着本身的力量往好的方向转变当然是好的，但是幼儿的话，靠着自己的力量转换心情和态度还是挺困难的。因此，可以说周围的大人的理解和支持是很重要的。首先，即使孩子做不好，但是当孩子很认真努力地尝试去做的话，也要表扬和鼓励孩子，让孩子的心情往正面的方向发展，这是非常重要的。即使做不到，应该要通过指导让孩子明白做不到并不是孩子的过错，不要感到难为情，以及反复练习的重要性。在这样的过程中，即使做不到，只要

努力去做，就可以得到达成某事的满足感。

总之，幼儿期虽然是可以自由跳跃的时期，但是还不能像想象的那样活动身体的情况有很多。因此，在这样的时期，比起改善运动技能，让孩子觉得活动身体本身就是很快乐的事情更为重要。在这个时期，如果让孩子们对运动感到吃力的话，很有可能会使孩子们在今后对待运动上采取消极的态度。另外，指导者需要和孩子们一起活动身体。即使是不擅长运动的孩子，也喜欢运动身体出汗，所以可以通过运动身体来让孩子体验各种各样的乐趣。而且，指导者和孩子一起运动出汗是很重要的，作为指导者的资质，是与孩子一起能做的事情，到底学会了和掌握了多少。

就是说，作为对应挫折的对策，指导者需要尽量理解孩子的心情，不要拘泥于胜败或成绩，为了让孩子知道运动的乐趣，必须在指导方法上下工夫。

实　践　篇

不要忘记热身运动！

在准备运动中，为了能够更安全有效地实施之后的运动，可以挥手、摆动脚、转动脖子、跳跃等，提前放松肌肉的紧张感，扩大关节的活动区域，促进血液循环，提高体温。

为此，对幼儿来说，可以补充易懂的大动作的体操。特别是以缓和幼儿不安的心情为目标比较好。

实际上，为了能够顺利进行运动，相互之间应该适当地保持距离（前后）和间隔（左右）。准备运动的辅助，尽可能从孩子们的后面进行。因为站在孩子的面前的话，主要的指导者就会看不见，各辅助者就会个别地引导幼儿，有妨碍幼儿自主活动的可能。但是，对于完全没有动静的幼儿来说，辅助者的 1 对 1 的指导是非常必要的。

第 **1** 章

基 本 运 动

做增强体力的运动！

需要出汗的运动是必要的。为了自发地，培养自主运动的积极性，促进自律神经活动的运动刺激也是不可或缺的。

（1） 坐姿伸腿前屈（柔软性）

坐着把腿伸直，不要弯曲膝盖屈伸，不要太用力。辅助的情况下，用手轻轻按压儿童的背部。

（2） 腿的屈伸（腿部肌耐力）

双手握于腰后，腿屈伸。两腿保持与肩同宽。习惯之后，可以跟着一定的节奏连续做下去。

（3） 手推车（肌耐力，持久力）

当作车的小朋友，身体尽量保持笔直。结束时，把前者的脚安全，轻轻的放下，让足尖先着地。

（4） 身体摇篮（柔软性）

身体俯卧，抬头，挺胸，用手抓住脚腕。

（5） 金鸡独立（平衡性）

单腿站立，摆各种姿势，保持平衡。

（6） 仰卧起坐（肌耐力）

双手交叉于脑后，上体慢慢坐起。以相同的节奏继续重复做。

如果孩子的脚动得太厉害，辅助者可以帮忙轻按住脚。

（7）跪坐跳起（瞬间爆发力）

跪姿，双手向上挥舞，一口气站起来。

（8）俯姿双脚开合
　　　（肌耐力，韵律感）

俯姿，'开'的时候双腿往左右打开，'闭'的时候双腿合拢起来。习惯之后，双腿可以根据节奏开合。

（9）跳马（瞬间爆发力，平衡性）

当"马"的时候，注意安全，下巴用力把头部弯向腹部方向。"马"可以调整各种高度来让跳的人尝试挑战。熟练之后，可以反复跟着一定的节奏跳。

（10）背着往前走（肌耐力，持久力）

背着同伴步行一段距离。熟练之后，可以练习上坡下坡。

不仅仅是往前走，也可以试着后退或横向行走。

（11） 人力车（肌耐力，持久力）

拉人力车时，要注意配合扮演车的
小朋友的能力。

（12） 俯卧撑（肌耐力，持久力）

双腿尽量伸直，用手臂支撑，屈伸
手臂。除了闭合双腿时练习，也可以尝
试张开双腿时练习。

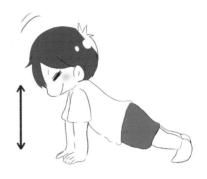

（13） V 字平衡
（腹部肌耐力，持久力）

手放在地板上支撑身体保持 V 字姿
势，熟练之后，可以手脚都离地，保持
V 字姿势。

（14） 拱桥（柔软性）

脸向上，手足支撑，腹部向上，呈
拱桥姿势。

腹部尽量向上保持大约 5 秒，如果
做不到，可以使用垫子练习向后弯曲。

（15） 拍手俯卧跳（瞬间爆发力）

当手臂离地时就拍手。熟练之后，可以跟着一定的节奏连续做。

（16） 开合跳（韵律感，灵巧度）

腿按照【开，合，合】的节奏，手按照【横向，向下，横向】的节奏，手脚一起重复练习。

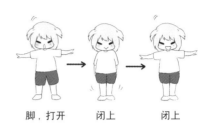

脚，打开 　　 闭上 　　 闭上

（17） 单脚屈伸

　　　（腿部肌耐力，平衡感）

单手抓住足部，脚后跟尽量弯曲靠向臀部，另一条腿屈伸。双腿交替练习。

（18） 倒立

　　　（背部肌耐力，腹部肌耐力，持久力）

倒立，稍微静止停一会。

（19） **用脚写文字（肌耐力，持久力）**

仰卧于地板，双脚并拢，直立向上，用脚尖写各种文字。

膝部尽量不要弯曲，脚尖并拢，尽可能写出较大的数字或文字。

（20） **弯身传球（柔软性）**

两人背向站立，向前弯身，从双腿间传递球，并保持平衡。不要让球掉落。

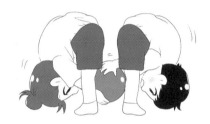

（21） **前俯后仰传球（柔软性，灵巧度）**

一人前俯，把球从双腿之间传递出来，另一人后仰接球。然后反过来传递。保持球不要掉落。

第 **2** 章

用身边的物品游玩

介绍一些通过使用日常生活中常见的物品和废品，例如毛巾，超市的塑料袋、报纸、瓶子等当作器材的运动。这些用具富于可塑性，可以自由地变化。这些都是孩子容易拿到的，用这些东西运动娱乐，能够认识物品性质的同时，还能够满足对事物的好奇心和探索的渴望，从而培养出丰富多彩的表现能力。

另外，利用废材和孩子们一起制作游乐器具，可以使孩子对游戏产生浓厚的兴趣，不擅长运动的孩子们也能自然地活动身体。

（1） 头顶毛巾

① 把毛巾分四等份叠起来，放在头上，背上，或胸前顶着前行。

② 习惯之后，可以试着跑起来。

· 两人为一组牵着手，一起合力前行。

· 尝试进行来回往返的接力比赛。

（2） 取毛巾

① 分成两队，在中央线放好毛巾，各自在指定线上准备好。

② 发出开始信号后，跑去取毛巾，把毛巾拿到指定线。取得数量多的队伍获胜。

③ 如果是毛巾的拔河比赛的话，双方各自拉着毛巾的一端发力。如果在指定时间内都没有到达指定线，就以剪刀石头布来定胜负。

• 一开始要准备很多的毛巾，尽量让更多的孩子都能够取到毛巾。

（3） 塑料袋游戏：漂亮地接住球

塑料袋能够扩张，折叠，充气膨胀，缩小等，可以做出各种各样的变化，因此玩法也能够有很多。如果再跟用具和游具组合起来，会有更多的玩法。

① 袋子中充上气，扎紧，向上扔起并接住。

② 用头，背部，或脚来接住。

③ 孩子可以俯身，向上或向后等以各种姿势去接住指导者往上抛起的塑料袋。

④　熟练之后，可以尝试从远点的地方跑过来接住。

（4）　尾巴抢夺战

①　开始之后，互相抢对方的尾巴（塑料袋，毛巾等）。即便自己的被抢了，在
　　终了之前也不要放弃，要继续努力抢夺。

②　结束后，确认抢夺了的数量，抢夺数量最多的孩子获胜。

（5）　手抛脚踢游戏

①　塑料袋中充上气扎紧，用脚踢。熟练之后，可以用两脚交替踢。

②　用手掌来接住抛起塑料袋，不要让塑料袋落地。熟练之后，可以左右手交
　　替接住抛起。

③　手脚并用，不要让塑料袋落地，可以尝试手抛或脚踢。

④　熟练之后，两个人一组，互相配合不要让塑料袋落地，维持时间长的获胜。

（6）　幼儿棒球

①　大家分成同样人数的 2 组。

②　各组派出代表进行石头剪刀布来决定进攻防守的顺序。

③　后攻队伍的全员做好防守准备。

④　先攻队伍，决定击球顺序。大家按照顺序轮流进入击打圈，尽量把放在锥型桶上的球击打到远处。击球后，放下球棍跑向一垒圈，拿一个球跑回击打圈。

⑤　防守方，捡到被打出去的球后，拿着球往击打圈跑过去。

⑥　进攻方先回到击打圈的话，进攻方得 1 分，防守方先回到击打圈的话，进攻方不得分。

⑦　进攻方全员击打完毕后，攻守互换，全员击打完毕之后，得分高者获胜。

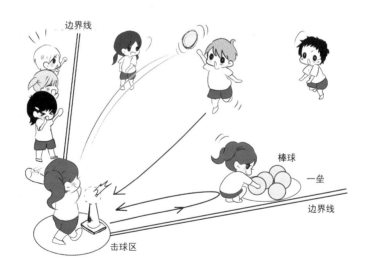

（7） 赛跑（瞬间爆发力，速度）

取一枚报纸，摊开放在胸前高举双手向前跑，不要让报纸落地。

也可以用报纸代替接力棒进行接力比赛。

（8） 跳高（瞬间爆发力）

设置一根绳，在膝盖与腰部之间，最初可以从低处开始跳过绳，一点点升高绳的位置。不是单脚跨越过去，要两脚一起跳跃过去。

（9） 用球拍打球

① 用球拍打放在起点线上的海绵球。尽可能让球滚得远。

② 把颜色锥筒放置在球滚到最远的地方上以示标记，再把海绵球捡回来。

③ 按顺序进行，移动颜色锥筒来标记滚落得最远的球的位置，击打得最远的获胜。（滚落不到最远的，只需要把球捡回来就行）。

第 **3** 章
亲 子 体 操

　　在屋内进行时，请打开窗户并使其通风良好。做完运动后，请洗手和漱口，并且好好地把汗水擦干。现在，让我们来介绍一些亲子体操。

（1） 举高高
　　孩子非常喜欢的游戏。让孩子感到有趣和愉快从而产生希望再次玩耍的欲望。

（2） **超人**

父母将手放在孩子的胸部和大腿上，抬起孩子。

在移动的同时把孩子轻微上下摇晃能让孩子感到更有趣。

（3） **旋转木马**

抱住孩子，用手撑住腰和背，家长用腋下牢牢地夹住孩子的双脚，慢慢转，上下摇动或改变旋转的方向。

（4） 机器人行走

孩子踏在父母的脚背上，父母握着孩子的手一起步行。向前，向侧面和向后移动。父母大步移动时，孩子们会欣喜若狂。张开双腿训练腿部力量！

（5） 飞机

孩子将父母的双脚放在肚子上向前倾倒，父母在适当的时间抬起孩子，如果不习惯，请握住孩子的双手进行。

（6）　倒立机器人

孩子倒立并把手放在父母的脚背上，父母握住孩子的脚踝，微微地抬起孩子的双脚开始步行。

（7）　友好的站立和坐下

大人和孩子，背对背交叉着双臂，两人一起让臀部坐于地板上。两人配合呼吸一起站立起来。也可以互相配合好时间，尝试挑战一边互推彼此的身体一边站立起来。

（8） 空中游戏

大人和孩子面对面坐下。

孩子弯曲右脚（或左脚）并保持左脚（或右脚）笔直。

大人将自己的脚掌拉伸到孩子弯曲脚的脚掌，然后将另一只脚弯曲到孩子拉伸脚的脚。

在使彼此的脚掌靠近的同时，在空中抬高脚。

交替弯曲和伸展双腿，就像在空中玩耍一样。

可以一边数着'1. 2. 1. 2…'来保持腿部的节奏感。

（9） 蹲下相扑

孩子和大人面对面蹲下。

蹲下时，合上双手，脚不要动，尝试互相推倒对方。

被推倒下，失手，手碰地或移动脚的时候，便算输了。

（10） 绕圈跳

大人坐着双腿伸直，孩子用双脚跳过大人的双腿，转一圈。

如果孩子成功跳过，那么大人可以慢慢地扩大双腿角度。

孩子到底可以跳多远呢？

熟练之后，可以尝试让孩子双脚往后跳或单脚跳。

（11）　绕圈跳过和钻过

① 　就像绕圈跳那样，不过当孩子跳
过大人的脚后，大人需要提起臀部，
让孩子从大人的臀部下面钻过去。

② 　当孩子从臀部下面钻过的时候，
尝试妨碍一下孩子也能让游戏更有
趣。

③ 　不仅仅是臀部，还可以尝试钻过
不同的地方。

（12）　开合跳

孩子跟大人面对面站立起来，跨在大
人的双腿上。

发出开始信号后，大人张开双腿，孩
子跳起，并合拢双腿。

配合着声音重复此动作。关键是两人
的呼吸和节奏的掌握。

熟练之后，可以尝试让孩子背对大人进行练习。

（13）　踩脚比赛

两人面对面手牵手，发出开始信号后，孩子
踩向大人的脚，大人的脚被踩后，反过来去踩孩
子的脚，接下来可以是相互踩并且相互躲闪。

（14） 石头剪刀布相互踩脚

① 面对面手牵着手，在说着"石头剪刀布，出拳！"的同时，用脚来做出石头剪刀布。

② 如果父母赢了，请继续保持牵手的状态并且试着踩孩子的脚。

如果孩子获胜，则让孩子去踩父母的脚。

③ 孩子尽量跳起来躲闪被踩。

（15） 轻拍屁股

大人用左手牵着孩子的左手。

发出开始的信号后，孩子尝试用右手去拍打大人的屁股。

接下来换孩子尝试闪躲。

大人尝试用右手去拍打孩子的屁股。

熟练之后，互相尝试用右手去拍打对方的屁股。

在尝试去拍打对方的屁股的同时，也需要尽量闪躲避免自己的屁股被拍打。

（16） 拉毛巾

大人躺着把毛巾夹在两脚之间，孩子尝试将毛巾拿走。

接下来，换孩子把毛巾夹在两脚之间，大人尝试将毛巾拿走。

（17）　推倒大腿

大人平躺，双腿抬起 90 度垂直地面，孩子尽量将双腿推到地面接近处，前后左右各个方向都可以推。熟练之后，大人可以把手伸直放在身体上，小心地进行练习。

（18）　俯卧撑握手

孩子和大人彼此面对面并做出俯卧撑姿势。

彼此右手离地进行握手，接下来换左手。在俯卧撑握手的状态下，进行角力。也可以尝试两手离地跳跃起来。

（19）　手推车 → 与遇到的朋友握手 → 翻跟斗

大人把孩子的双脚提起，孩子用手支撑走路。与遇到的朋友握手，然后翻跟斗。

（20） 抓尾巴

大人把毛巾夹在裤子的腰带部位，大人和孩子牵着彼此的左手。发出开始信号后，孩子尝试拿走毛巾。接下来，换孩子夹住毛巾，大人尝试拿走毛巾。

（21） 钻圈圈

两人一组，一人滚转铁圈，另外一人尝试穿过铁圈。

第 4 章

在运动会上也能进行！（推荐游戏）

运动会是一个让大人和孩子都能一起愉快地运动身体的绝好机会。分队进行的竞赛能让观看的人都充满刺激感。接下来介绍一些所有参加者都可以享受的运动。

（1） 钻过胯下竞赛

两人手牵手开始，在拐点处，孩子钻过父母的胯下后，父母背着孩子返回。

（2） 团队对抗夺取"尾巴"

将自己团队颜色的尾巴系在腰上。在一定时间内尽量从其他团队夺取更多的尾巴，收获更多的团队将获胜。把夺取回来的尾巴带回自己团队的阵地进行盘点。

（3） 背靠背接力赛

两个人背对背，转过拐点后回来。

（4） 增加孩子数量的接力赛
（瞬间爆发力，速度）

六人一组，第一个孩子绕过旗后，与下一个孩子手牵手再一起绕过旗。人数逐渐增加，最先全组六人手牵手绕过旗的队伍获胜。

（5）　**魔术地毯**

　　将孩子放在大号浴巾上，父母接力搬运孩子，两人为一组。

（6）　**袋鼠的快递服务（运球比赛）**

　　父母带着两个球，孩子带着一个球，一起跑到转折点。从转折点开始，父母把两个球夹在两腋下，从孩子那里接一个球，用双脚将其夹在中间，然后返回。当父母的球掉落时，父母会停在那里，孩子去拾球，将球交给父母，然后继续比赛。

（7） 推倒 立起 背扛（亲子跨越障碍赛）

孩子变成手推车，父母把孩子的双脚提起，前进到饮料瓶（保龄球瓶）的位置。孩子推倒饮料瓶（保龄球瓶）后，亲子手牵手绕过旗返回。回程中，父母把孩子推倒的饮料瓶（保龄球瓶）立起来，背着孩子冲过终点！

（8） 海獭冲浪

四人变成一排脸向上躺着的海獭，抓住变成海獭的孩子的脚踝。跑步者二人一组，分别抓住大浴巾的角落，从连排的4匹海獭的身体下通过，进行接力赛。

（9）　夹球搬运接力赛

是双人运球的接力赛。两个人背靠背，将球夹在背上。但是，只能在把球传给下一个孩子的时候才能用手。不仅在背部，胸部与胸部，腹部与腹部，额头与额头，使用身体各个部位来进行运球竞赛都很有趣。

（10）　圣火接力

① 　在反转了的饮料瓶底部 （用剪刀切掉瓶底） 上放上球（圣火），拿着球（圣火）进行赛跑，不要让球（圣火）掉落下来，绕过锥筒后返回。

② 　下一个孩子接过圣火后，拿着圣火绕过锥筒返回。

③ 　最快速的，所有成员都返回的队伍获胜。

④ 　如果中途圣火掉落下来了，请在掉落下来的原地开始再次挑战。

（11） 两人变一个人

① 起跑线前放置呼啦圈，每支队伍排成两排。

② 第一对手牵手，另一对将握住手型。

③ 发出开始信号后，双方配合并用手型将球从呼啦圈中拿起来，然后绕着障碍物返回。

④ 当回到起点时，将球放回呼啦圈中，将手型交给下一对。

⑤ 继续比赛，直到所有小组完成任务。

⑥ 如果球滑落掉了，将球放置在滑落了的原地，用手型拍手三下，然后重新开始。

· 小组内的两个人，共同努力，抱着球移动，用特殊的手型将使比赛更加有趣。

· 如果是亲子的话，请让孩子使用平时习惯的手来拿手型。

· 如果手型以外的地方，手或脚等碰到球，则是犯规。 ＊

· 把手型的厚纸贴在球拍上作为手型的代替品，也可以同样享受竞技的乐趣。

（12）　**滚动花生球**

① 　每支队伍在起点前排成一列。

② 　当有人发出"预备，开始"的信号时，一个人用脚将花生球滚动出呼啦圈，然后在中点和转折点处围绕障碍物返回。

③ 　当返回起点，把球放回呼啦圈中，与下一个孩子手拍手进行交替。

④ 　直到最后一个人，反回到起点，把球放回呼啦圈中，游戏都一直继续。

· 　如果没有花生球，可以把大小不同的球放进袋子里，或者使用橄榄球都能有趣地进行游戏。

（13）　**今天也要安全驾驶**！

① 　3 人 1 组，在起点线前排成 1 列。前面的两个人戴着眼罩，最前面的孩子拿着呼啦圈当司机。队伍后面的两个人，手贴着前面孩子的肩膀相连。

② 　发出开始的信号后，最后面能够看见东西的孩子发出很大的声音去引导，3 个人一起绕过障碍物返回来。

③ 　回到出发点后，把呼啦圈给下一个 3 人组。

④ 　进行反复操作，最先所有队员都返回起点线的队伍获胜。

（14） **脚部冠军**

① 各个队伍在起点线前面排成一列，然后横着站立。

② 发出开始的信号后，最后的孩子移动到最前面，用一只脚连着。然后，为了保持距离，脚要大幅度地张开。然后，大声喊"是"。

③ 发出"是"的声音后，最后的孩子跑到最前面，然后再张开腿。反复做这个动作。

④ 所有人最先进入终点线的队伍获胜。

· 不迈开脚，也可以牵着手。

· 让每个队伍都尝试思考一下，在身体的某个部位都紧贴在一起的状态下，最快能跑到终点的方法。

（15）　**大草绳圈**

①　在起跑线前，每个队伍排成一列，横向拉手。队伍最后的孩子拿呼啦圈。

②　发出开始的信号后，从最后开始，不要用手，通过身体把呼啦圈向前传送。

③　当绕到最前面时，把呼啦圈套在脚上，最前面的孩子把手松开，拿着掉落的呼啦圈绕过障碍物返回。

④　通过起跑线后，走到队伍的最后，加入队伍后，大家站好继续手拉手，从①开始继续。

⑤　直到所有人都绕过障碍物，游戏一直继续。

⑥　完毕后大家高举双手喊万岁。

（16）　**飞鱼起浪**

①　各队伍的成员在垫子上排成一列，变成飞鱼的姿势。拉着旁边人的脚踝，连在一起。

②　两个人拿着大型浴巾，穿过飞鱼下面。

③　绕过障碍物，再一次把浴巾穿过飞鱼下面，最先到达终点的队伍获胜。

（17） GO！GO！HURRICANE

① 每支队伍组成 2 人组，以 2 列的形式站在起跑线的前面，前面的 2 人拿着长的体操棒的两端。

② 发出开始的信号后，两个人一起拿着体操棒，绕过障碍物转回来。

③ 回到出发点后，让体操棒穿过队员的脚下。这时，等待的孩子们为了不被棍子绊倒，要配合时机跳跃起来。

④ 到了最后尾，这次就让棍子在孩子们的头上通过，放回前面。

⑤ 到队伍的最前面，将体操棒交给下一个 2 人组。递过棒的两个人，站到队伍的最后面。

⑥ 当最后接力的两个人，在起跑线上放下接力棒时，所有队员一起高举双手喊万岁，最先喊万岁的队伍获胜。

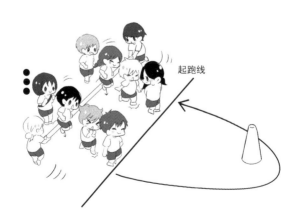

第 5 章

抓"鬼"游戏

有四种的抓"鬼"游戏。①如果被鬼抓住了就变成交替鬼。②鬼可以抓住孩子，也可以捕获孩子。③鬼可以抓住孩子，被抓住的孩子会变成鬼的帮凶。④虽然是鬼，但可以去帮助解救被鬼抓住的孩子。

在虚拟的紧急状态下，当鬼的孩子会很认真地对待游戏，感到很刺激，集中注意力逃跑的孩子也会感到刺激紧张，孩子们都会很喜欢这种产生出来的集中力和活跃感。在不知不觉间，能够培养出敏捷性和瞬间爆发力，是提升自律神经功能的一个超级棒的游戏。

（1） 小鸡和猫（敏捷性 · 速度）

抓住前面孩子的腰部，排成一列，最前面的孩子是鸡妈妈，后面的孩子是小

鸡。

有一只瞄准小鸡的猫，追赶捕捉队伍最后的小鸡。最前面的鸡妈妈，会把翅膀（双手）尽量张开，尝试保护可爱的小鸡。

猫在抓到或触碰到最后面的小鸡的时候，猫会变成鸡妈妈，而之前被猫抓住的孩子会变成下一只猫，然后再次开始游戏。

（2） 笼中的老鼠 （**敏捷性** · **瞬间爆发力**）

两人面对面两手相连，在各种各样的地方制造笼子。老鼠（孩子）从猫（鬼）那里逃出来，进入笼子里。在制作笼子的两个人中，没有和老鼠面对面的人，会变成下一只老鼠逃走。

被猫抓到后，猫和老鼠的角色会调换。

（3） 关联鬼 （**敏捷性** · **持久力**）

随着被捉到的孩子数量增加，鬼的数量增加，鬼手牵着手，向旁边扩展开来追捕孩子们。只有两端的鬼才能捕捉孩子们。

（4）　牵手鬼（敏捷性 · 持久力）

被捉到的孩子会变成鬼，与原来的
鬼手牵手去追捕其他的孩子。当鬼的
队伍变成 4 个人时，再分成每 2 人为
一组，来增加鬼的小组。

（5）　超前竞争（敏捷性，灵巧度）

一组大约 10 人，组成两组。

其中一组站在起跑线上，准备向前进发，另外一组站在距离终点线前约 5 米的
地方，当鬼的角色，准备阻挡另一组前进通过。发出"开始"的信号后，站在起
跑线上的那一组一窝蜂向着终点跑过去。中途被捉到或被触碰到的话，出局。通
过人数多的队伍获胜。

第 6 章

韵律／亲子舞

配合着音乐，和爸爸妈妈好朋友们一起愉快地活动身体，从幼儿时期开始，便开始学习配合着节奏活动身体吧！理想状态是能够随着愉快的节奏，身体自然动起来。

（1） 花之国的火车风情（亲子）

〈前奏〉

父母站在孩子的后面，用手扶着孩子的肩膀，正面站着，四拍的节奏。

从第五拍开始，孩子把手摆放到腰部旁边，2人变成火车动起来。

右脚伸出　　　　　　　　　　　　拍手

面对面手牵手，右脚向前
伸出，脚跟对起来后返回。

一人一回，拍手后，两人
两回，双手合在一起。

左脚伸出　　　　　　　　　　　　拍手

和①相反，左脚向前伸出，
脚跟对起来返回和②一样

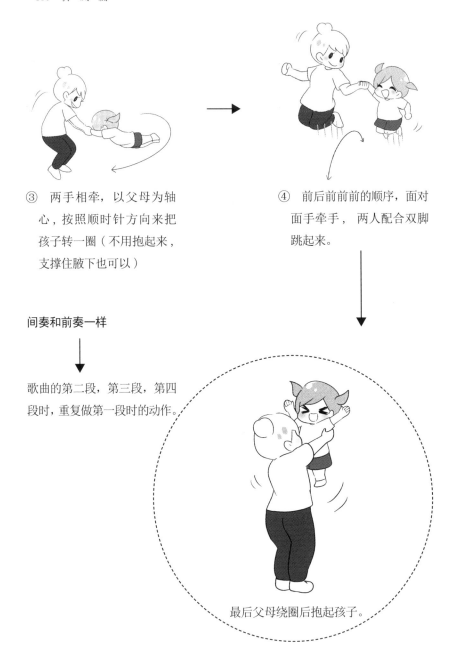

③ 两手相牵，以父母为轴心，按照顺时针方向来把孩子转一圈（不用抱起来，支撑住腋下也可以）

④ 前后前前前的顺序，面对面手牵手，两人配合双脚跳起来。

间奏和前奏一样

歌曲的第二段，第三段，第四段时，重复做第一段时的动作。

最后父母绕圈后抱起孩子。

【目标】

· 通过亲子变火车的运动，以游戏的感觉来增进亲子感情。

· 通过自由移动空间来培养自主性和空间认知能力

【特征】

· 通过模仿，可以体验火车游戏的乐趣。

· 父母紧紧握住孩子的手在高的空间里活动，在加深彼此信赖关系的同时，也能体验到动态的动作。

【创作过程的考虑】

· 为了能配合曲子的节奏和歌词，自由地表现出火车的动作。

· 简化了动和静的动作，使其容易理解。

· 最后采用"举高高"的动作，让孩子获得满足感。

（2）　圆圆舞蹈操

〈前奏〉

两个人手牵着手呈现　　①　从牵着的双手里露出脸　往另一侧做出相同的动作
出一个大圆圈，双膝
稍微弯曲，跟随节奏

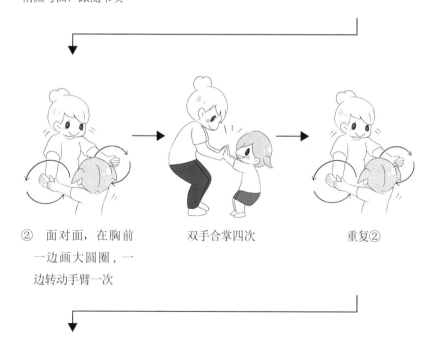

②　面对面，在胸前　　　双手合掌四次　　　　　重复②
　　一边画大圆圈，一
　　边转动手臂一次

左右交替各一次，两腿合拢轻轻地跳起（4 次）

〈**间奏**〉和前奏的动作一样

歌曲的第二段，第三段，第四段时，
重复做第一段时的动作。

最后自由地做一个圆圈。

【目的】

- 使用手臂和手，享受做出各种各样圆圈的乐趣。
- 通过用自己的身体做出自己喜欢的大小的圆圈，可以培养自己的表现力。

【特征】

- 通过做出圆圈，掌握了"圆"的概念

【创作过程的考虑】

- 加入了屈伸运动和跳跃、伸展运动等动作，因此也可以用于准备运动。
- 为了让孩子们一边享受一边能够表现自己，最后设定了让孩子们做出自己喜欢的圆圈的机会。

（3）　**热身运动**

〈前奏〉

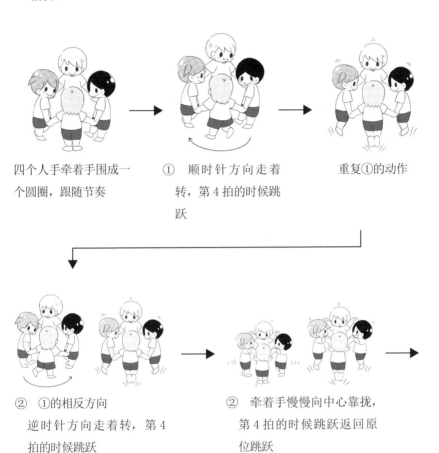

四个人手牵着手围成一
个圆圈，跟随节奏

①　顺时针方向走着
　　转，第 4 拍的时候跳
　　跃

重复①的动作

②　①的相反方向
　　逆时针方向走着转，第 4
　　拍的时候跳跃

②　牵着手慢慢向中心靠拢，
　　第 4 拍的时候跳跃返回原
　　位跳跃

重复②的动作

歌曲的第二段重复之
前的动作

④　松开手，各自把手
放到腰部转一圈（每
步旋转90度，4步转
回原位）

（可以并拢双腿跳跃）

〈间奏〉

　8个人围成一个圆圈，手牵手，一边上下
摇手，一边原地踏步

　歌曲的第3段时，8个人重复动作

〈间奏〉

　大家一起围成一个圆圈，手牵手，一边上
下摇手，一边原地踏步

　歌曲的第4段时，大家一起重复动作

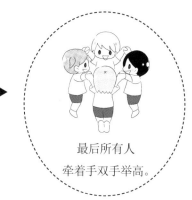

最后所有人
牵着手双手举高。

【目的】

- 由亲子关系扩大到与其他人建立关系，能够培养协调性和沟通能力。
- 通过移动各种各样的空间，能够培养空间认知能力。

【特征】

- 通过在空间移动的同时进行配合韵律的跳跃，身体能够体验到弹跳的快乐。
- 通过与他人的接触，能体验到人与人之间的联系和亲近感。
- 可以自由改变人数，享受活动的乐趣。

【创作过程的考虑】

- 重视'暖和'的感觉，因此多次重复跳跃的动作。
- 通过与他人接触，培养幼儿的协调性与合作性，逐步扩大幼儿的交际圈。

（4） 火红的太阳

〈前奏〉

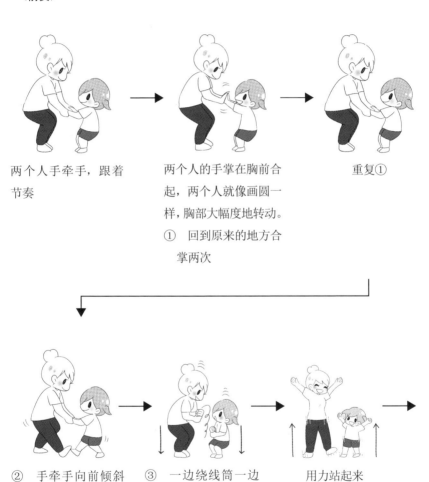

两个人手牵手，跟着节奏

两个人的手掌在胸前合起，两个人就像画圆一样，胸部大幅度地转动。
① 回到原来的地方合掌两次

重复①

② 手牵手向前倾斜踮起脚后跟（2回）

③ 一边绕线筒一边蹲下，大幅度地张开双手

用力站起来

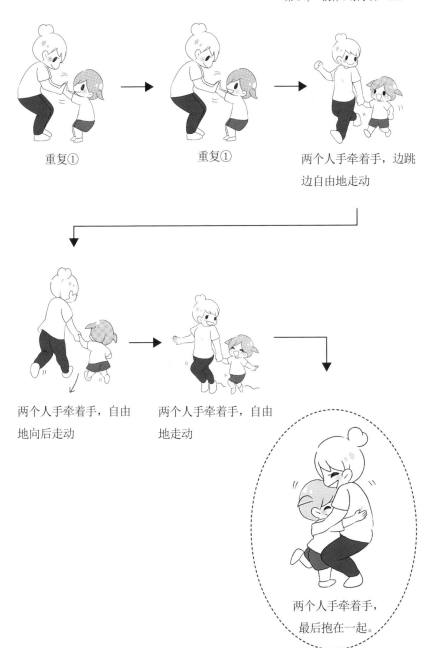

重复①

重复①

两个人手牵着手，边跳
边自由地走动

两个人手牵着手，自由
地向后走动

两个人手牵着手，自由
地走动

两个人手牵着手，
最后抱在一起。

【目的】

- 通过走动、跳跃，认识到空间的扩展。
- 通过牵手、拥抱，实现两人的亲密接触

【特征】

- 通过自由地在空间中移动，可以感受到开放感。
- 间奏中，自由地采用了别出心裁的动作，使活动内容更丰富。

【创作过程的考虑】

- 采用了很多简单的动作，使动作更容易被记住。
- 以合掌画圆来表现出太阳的温暖。
- 通过互相拥抱，使彼此的情绪安定下来。

■ 著者紹介

前橋　明　（まえはし　あきら）

現　職：早稲田大学人間科学学術院　教授・医学博士
専　門：子どもの健康福祉学　幼児体育
最終学歴：1978年　米国ミズーリー大学大学院：修士（教育学）
　　　　　1996年　岡山大学医学部：博士（医学）
教育実績（経歴）：倉敷市立短期大学教授、米国ミズーリー大学客員研究員、米国バーモント大
　　　　学客員教授、米国ノーウィッジ大学客員教授、米国セントマイケル大学客員教授、台湾：国立
　　　　体育大学客員教授を経て、現在、早稲田大学人間科学学術院教授。
　　　　（学部、e-school、大学院：修士課程・博士課程指導）
社会的活動：国際幼児体育学会　会長、国際幼児健康デザイン研究所　顧問
日本食育学術会議　会頭、日本レジャー・レクリエーション学会　会長
インターナショナルすこやかキッズ支援ネットワーク　代表
日本学術振興会科学研究費委員会専門委員（2009.12 ～ 2017.11）

前桥　明　（JAPAN）

早稻田大学人类科学学术研究院教授 / 医学博士
日本幼儿体育学会会长
国际幼儿体育学会会长
国际健康幼儿支援网络代表
日本饮食教育学术会议会长
取得美国密苏里大学硕士学位（教育学），冈山大学博士学位（医学）

著有
『乳幼児の健康』『幼児体育〜理論と実践』（大学教育出版社）
『あそぶだけ！ 公園遊具で子どもの体力がグングンのびる！』（講談社）
『3歳からの今どき「外あそび」育児』（主婦の友社）等書籍

生活リズム・体力向上作戦
―「食べて、動いて、よく寝よう！」運動のススメ ―

2021年6月30日　初　版第1刷発行

■ 著　　者——前橋　明
■ 中国語訳——国際幼児健康デザイン研究所、李美斯
■ 発 行 者——佐藤　守
■ 発 行 所——株式会社 大学教育出版
　　　　　　　〒 700-0953　岡山市南区西市 855-4
　　　　　　　電話（086）244-1268　FAX（086）246-0294
■ 印刷製本——サンコー印刷㈱

JASRAC（出）第 210604048 − 01

© Akira Maehashi 2021, Printed in Japan
検印省略　　落丁・乱丁本はお取り替えいたします。
本書のコピー・スキャン・デジタル化等の無断複製は著作権法上での例外を除き禁じら
れています。本書を代行業者等の第三者に依頼してスキャンやデジタル化することは、
たとえ個人や家庭内での利用でも著作権法違反です。
ISBN978 − 4 − 86692 − 143 − 3